Lectura rapida y efectiva

Técnicas y ejercicios para desarrollarla en 7 días

2ª EDICIÓN

Eduardo Rhó

Datos catalográficos
Rhó, Eduardo
Lectura rápida y efectiva. Técnicas y ejercicios para desarrollarla en 7 días
Segunda Edición
Alfaomega Grupo Editor, S.A. de C.V., México
ISBN: 978-970-15-1331-6
Formato: 17 x 23 cm   Páginas: 232

Lectura rápida y efectiva. Técnicas y ejercicios para desarrollarla en 7 días
Eduardo Rhó
Derechos reservados © Alfaomega Grupo Editor, S.A. de C.V., México.

Segunda edición: Alfaomega Grupo Editor, México, septiembre 2008

© 2008 Alfaomega Grupo Editor, S.A. de C.V.
Pitágoras 1139, Col. Del Valle, 03100, México D.F.

Miembro de la Cámara Nacional de la Industria Editorial Mexicana
Registro No. 2317

Pág. Web: **http://www.alfaomega.com.mx**
E-mail: **libreriapitagoras@alfaomega.com.mx**

ISBN: 978-970-15-1331-6

Derechos reservados:
Esta obra es propiedad intelectual de su autor y los derechos de publicación en lengua española han sido legalmente transferidos al editor. Prohibida su reproducción parcial o total por cualquier medio sin permiso por escrito del propietario de los derechos del copyright.

Edición autorizada para venta en México y todo el continente americano.

Impreso en México. Printed in Mexico.

Empresas del grupo:
México: Alfaomega Grupo Editor, S.A. de C.V. – Pitágoras 1139, Col. Del Valle, México, D.F. – C.P. 03100.
Tel.: (52-55) 5089-7740 – Fax: (52-55) 5575-2420 / 2490. Sin costo: 01-800-020-4396
E-mail: libreriapitagoras@alfaomega.com.mx
Colombia: Alfaomega Colombiana S.A. – Carrera 15 No. 64 A 29 – PBX (57-1) 2100122
Fax: (57-1) 6068648 – E-mail: scliente@alfaomega.com.co
Chile: Alfaomega Grupo Editor, S.A. – General del Canto 370-Providencia, Santiago, Chile
Tel.: (56-2) 235-4248 – Fax: (56-2) 235-5786 – E-mail: agechile@alfaomega.cl
Argentina: Alfaomega Grupo Editor Argentino, S.A. – Paraguay 1307 P.B. "11", Capital Federal,
Buenos Aires, C.P. 1057 – Tel.: (54-11) 4811-7183 / 8352, E-mail: ventas@alfaomegaeditor.com.ar

Prefacio

Leer es una actividad a la que le dedicamos una gran parte de nuestras horas más productivas. El trabajo, el estudio y toda forma de satisfacción intelectual giran en torno a la lectura que, sin duda, estará marcando en cada caso los límites de las expectativas.

—Pero, si yo leo muy bien. ¿A qué viene todo esto? —tal vez te estés preguntando.

Pues quiero informarte que de acuerdo con estudios realizados, del tiempo que una persona de nivel cultural medio, le dedica a la lectura, sólo aprovecha, en el mejor de los casos, un 30%. Tan sólo en el movimiento de sus ojos de una palabra a la otra pierde casi la mitad, pero si además las repite con los labios empeorará un 25%. El resto lo desperdicia en releer palabras, frases, párrafos y hasta textos completos una y otra vez porque no los entiende, y en leer información que finalmente desecha. ¡Imagínate! De cada hora que le dedica a la lectura sólo aprovecha dieciocho minutos. De sesenta, cuarenta y dos minutos de tiempo vital para su desarrollo se tiran a la basura. Ahora, bajo esta perspectiva, vuelve a preguntarte:

—¿Es verdad que leo tan bien?

Probablemente ahora lo dudes. Pero no te culpes. Nos enseñan a leer cuando tenemos cinco o seis años con técnicas apropiadas para esa edad, pero nadie nos dice más tarde que podríamos estar aprovechando mucho mejor las capacidades que nuestro cerebro va adquiriendo con los años. Se desarrolla nuestra mente, aumenta la cantidad de información y crecen las exigencias, pero nuestra forma de leer se queda estancada en la infancia. Es como si quisiéramos emprender la conquista del mundo con el ejército más poderoso montados en triciclos.

Si quieres conocer tu verdadero nivel de lectura, te sugiero una prueba: suma las horas que en un día le dedicas a la lectura y escribe al final un resumen de lo que eso te dejó. Saca la proporción y aplícala a todos los días de tu vida productiva. Cuando veas el resultado, probablemente te pongas a llorar. Quizás allí encontrarás la causa de muchos de tus objetivos no logrados.

Pero no te preocupes. Si quieres leer mejor, hay muchas formas de lograrlo. Precisamente de eso se trata este libro. Analizaremos la problemática de la lectura, expondremos ideas para que nuestros niños y adolescentes desarrollen el hábito de la buena lectura, y ofreceremos fórmulas y técnicas muy concretas para que tú, como joven o adulto, te conviertas en un lector eficiente. Ahora ya sabes que se puede mejorar. Está en ti aprovechar la oportunidad.

Introducción

Lectura eficiente: base de la productividad

La productividad, en cualquier disciplina, está relacionada con tres factores básicos: el resultado de la actividad, el esfuerzo utilizado para lograrlo y el tiempo empleado para llevarla a cabo. Visto así, es fácil relacionar a la productividad con procesos en los que el aspecto material tenga injerencia directa. Es frecuente leer sobre la productividad de los ejecutivos de una fábrica, así como la de sus empleados y obreros, y la de esa empresa en su conjunto, pero pocos la muestran más como un elemento fundamental de supervivencia, que como una característica deseable en cada trabajador.

En la naturaleza encontramos ejemplos muy claros de productividad. A todo animal lo mueve la eficiencia en cada uno de sus actos. Buscan la comida, o la pareja, adecuada, con las características exigidas por su especie, cuando su organismo se los solicita, ni antes, ni después, y para obtenerla harán lo estrictamente necesario, ni más, ni menos: el resultado justo, con el esfuerzo justo, en el momento justo. Millones de años de evolución han hecho de cada ser viviente, individualmente y en su conjunto, un mecanismo altamente productivo, castigando a los rebeldes con la extinción.

En el caso del ser humano las cosas no son tan sencillas. El ejercicio de nuestros instintos ha sido supeditado a las leyes, escritas y no escritas, de la civilización y, por desgracia, en ella, el concepto de productividad individual nunca ha sido claramente definido; sin embargo, nada nos impide hacer nuestro mejor esfuerzo por establecerlo. Mi propuesta, en ese sentido, coloca a la lectura como su centro generador.

Pero, ¿qué tiene que ver la lectura con la productividad? Mucho. La lectura, además de ser una de las principales fuentes de información razonada, tiene influencia en el desarrollo de la inteligencia, desempeña un papel fundamental en nuestra capacidad de comunicación, ejercita la imaginación, promueve novedosos esquemas de creatividad y, por si fuera poco, nos brinda diversión y esparcimiento. La lectura actúa directamente sobre cada uno de los elementos que más han influido en el crecimiento intelectual del ser humano y que definen en sí mismos la estructura básica de la productividad. Leer, y hacerlo con eficiencia, es lo que nos permitirá movernos cada vez con mayor seguridad dentro de los límites de supervivencia del mundo moderno.

La primera parte de este libro abarca todos los elementos de la lectura eficiente: técnicas de lectura veloz, vocabulario, memoria y concentración. Llevando a cabo con dedicación los ejercicios que allí se presentan, aprenderás a seleccionar los textos con eficiencia, a leerlos al doble, triple, y más, de tu velocidad actual, y a comprenderlos y asimilarlos con rapidez y solidez.

La segunda parte, «Guía para el fomento de la lectura», te dará a conocer los beneficios implícitos en la lectura y un análisis completo de su problemática actual, así como propuestas e ideas prácticas para ayudar a padres de familia y maestros a promover la lectura entre sus hijos y alumnos; su objetivo primordial es transformar la idea generalizada de que la lectura es aburrida, en otra, radicalmente opuesta, de que no hay diversión más completa que la lectura.

Al terminar ambas, estoy seguro, ya no verás a la lectura como ese fastidioso medio para adquirir conocimientos, sino como una poderosa arma para llevar tu vida, personal y profesional, al nivel de productividad que te propongas.

Contenido

Prefacio 3
Introducción. Lectura eficiente: base de la productividad 5

Parte I. Curso de lectura eficiente 11

Ejercicios
   1. Evaluación inicial (en silencio) 17
       a. Velocidad 17
       b. Asimilación 19
   2. Evaluación inicial (en voz alta) 22
       a. Velocidad 22
       b. Asimilación 25
   3. Evaluación de vocabulario 27
   4. Murmuración 29
   5. Ejercicio de lectura mental 30
   6. Evaluación de retención 32
   7. Evaluación inicial de memoria 34
   8. La importancia del vocabulario 37
   9. Vocabulario 38
 10. Definición de objetivos 40
       a. La lectura de placer 40
       b. Lectura informativa 41
       c. Lectura para el análisis y asimilación 43
 11. Lectura de palabra por palabra 45
 12. Ampliación estática del rango visual 46
 13. Concentración y memoria 48
 14. Ejercicio para la comprensión instantánea de bloques 49

15.	Comprensión global en la lectura veloz	51
16.	Vocabulario	64
17.	Ejercicio de memoria	66
18.	Evaluación de lectura	69
	a. Velocidad	69
	b. Asimilación	73
19.	Ejercicio de coordinación visual vertical	75
20.	Ejercicio de ampliación visual en columnas	77
21.	Comprensión instantánea de bloques en columnas	78
22.	Comprensión global en columnas	80
23.	Vocabulario	82
24.	Ejercicio de memoria	84
25.	Evaluación de lectura	89
	a. Velocidad	89
	b. Asimilación	92
26.	Ejercicios de coordinación visual horizontal	94
27.	Ampliación del rango visual en página completa	95
28.	Comprensión instantánea de bloques de palabras en página completa	96
29.	Comprensión global en página completa	97
30.	Vocabulario	98
31.	Ejercicio de memoria	100
32.	Evaluación final	104
	a. Velocidad	104
	b. Asimilación	108
Recomendaciones finales		110

Prácticas del Curso
El español y la globalización 112

    I. Orígenes de la lengua española 115
        Cuestionario 118
    II. El valor económico del español 120
        Cuestionario 122
    III. Problemática 124
        Cuestionario 138
    IV. El español en Internet 141
        Cuestionario 155
    Conclusiones y recomendaciones 158
    Referencias 163

Parte II. Guía para el fomento de la lectura ... 167

La lectura ... 170
  Orígenes ... 170
  Virtudes ... 171
    Permite espacios de reflexión ... 172
    Reafirma conocimientos ... 173
    Ayuda al mantenimiento de la salud mental ... 173
    Estimula la imaginación ... 174
    Enriquece nuestro lenguaje ... 175
    Diversión ... 175
Problemática ... 177
  La escuela ... 177
    La primaria ... 178
    El hogar ... 188
    El ejemplo de los adultos ... 189
    Desinterés de los padres ... 189
    Falta de libros ... 191
  Los medios audiovisuales de comunicación ... 191
    La televisión ... 192
    La radio ... 192
    Los juegos de video ... 194
  La sociedad ... 194
    Leer es aburrido ... 195
    El precio de los libros ... 196
    ¿Y dónde están los libreros? ... 197
    ¿Y dónde están las bibliotecas? ... 198

Propuestas ... 199
  Los sistemas educativos ... 199
  El hogar ... 204
  Los medios de comunicación ... 206

Despedida ... 208

Apéndice I. Respuestas a los ejercicios ... 209
Apéndice II. Respuestas a las prácticas del curso ... 217
Apéndice III. Preguntas frecuentes sobre la lectura dinámica ... 221
Apéndice IV. Glosario básico para el usuario de Internet ... 225

Curso de lectura eficiente

En este libro se está aplicando la experiencia de muchos años en el diseño y elaboración de software educacional y en el asesoramiento, presencial y vía Internet, a grupos de Latinoamérica y España, en temas relacionados con la lectura. Su objetivo es desarrollar las capacidades personales del alumno para leer y comprender cualquier tipo de texto con mayor rapidez y para asimilarlo sólidamente, y en general, para sacarle el máximo provecho al tiempo que le dediques a la lectura.

En su diseño se han combinado la teoría y la práctica necesarias para reafirmar los conocimientos y habilidades conforme se vayan adquiriendo, de manera que, cada paso, pueda servir como base sólida para metas cada vez más ambiciosas.

Es muy importante cumplir con los requisitos, seguir las instrucciones y atender a las recomendaciones que se detallan a continuación para obtener del curso los mejores resultados.

Requisitos
1. Un diccionario de la lengua española amplio y actualizado.
2. Lápiz o bolígrafo.
3. Calculadora.

Instrucciones
1. Sigue los ejercicios en la secuencia natural (numérica ascendente). No pases al siguiente hasta haberlo asimilado completamente.

2. Al final de cada ejercicio habrá un espacio para llenar el resultado del mismo. Las respuestas podrán ser de cuatro tipos:

   a. *Evaluaciones de lectura y asimilación.*
      Los ejercicios que se utilizan para conocer tu nivel inicial de lectura y, posteriormente, tus avances, constan de dos partes: una para medir tu velocidad y la otra, tu asimilación.
      En la primera deberás leer el texto que allí aparezca. Hazlo al ritmo que utilizas normalmente para entenderlo todo. Coloca en el espacio asignado la hora exacta (hora*, minutos y segundos) al empezar y luego al terminar. Haz el cálculo que allí se te indique para conocer el tiempo empleado en la lectura y el promedio expresado en Palabras por Minuto.
      En la segunda parte verás una lista de frases numeradas. Coloca en el espacio indicado sólo los números de aquellas que formaron parte del texto que acabaste de leer. Revisa las respuestas correctas en el Apéndice I, anota las coincidencias y efectúa el cálculo que allí se te indique para obtener el Factor de Asimilación; multiplícalo luego por la Velocidad para obtener tu Velocidad de Lectura Combinada.
   b. *La definición de una palabra o el resumen de un texto.*
      En los ejercicios de vocabulario se han escogido palabras a las que el uso cotidiano ha ido dando un significado erróneo. La idea de escribir la definición textual de cada una tomándola del diccionario, es que puedas analizarla y luego repasarla, y así comprender la diferencia con respecto la concepción previa de la misma. En el caso de los resúmenes, bastará con que pongas, en palabras propias,

---

* La hora deberá anotarse en el formato de 0 a 23. Ejemplo: las 3 de la tarde con 10 minutos y 5 segundos se representa como: 15 horas, 10 minutos y 5 segundos.

qué entendiste del texto leído, y no deberá exceder de un párrafo de cuatro o cinco líneas, como máximo, utilizando una letra normal.
- c. *Sí o No.*
Circunscribe el que corresponda de acuerdo con la experiencia lograda con el ejercicio. Marca el "Sí" con un círculo a su alrededor, sólo después de cerciorarte de haberlo comprendido en su totalidad.
- d. *Calificación en puntos.*
De acuerdo con las reglas que se definan en el ejercicio, escribe en el espacio el resultado de la evaluación.

3. Toma en cuenta las **Notas** que puedan aparecer entre los ejercicios, ya que en ellas se incluyen sugerencias que, incluso, podrían alterar la secuencia natural.

Recomendaciones

1. Trabaja en sesiones no menores a cuarenta y cinco minutos ni mayores a una hora y media.
2. Emplea un horario en el que no tengas apremios de tiempo. Deberás tener la libertad de optar por repetir cualquier ejercicio las veces que sean necesarias hasta comprenderlo y asimilarlo en su totalidad.
3. Lee el ejercicio completo antes de empezar a trabajar en él, y asegúrate de haber comprendido de qué se trata.
4. La sinceridad juega un papel muy importante en este tipo de enseñanza. Es importante recordar que el único perjudicado en cualquier tipo de engaño serías tú mismo.

Ejercicios

1 Evaluación inicial (en silencio)

a. Velocidad

Lee el siguiente texto en silencio. Anota la hora al empezar y al terminar tal y como se indica en las instrucciones. Efectúa luego los cálculos que se indican para obtener tu velocidad expresada en Palabras por Minuto.

| Inicio | Hora | Minutos | Segundos |

Estas técnicas, desarrolladas a mediados de los años cincuenta en Estados Unidos, parten de la idea de que nuestra mente puede interpretar cualquier detalle de lo que la vista abarca en cada movimiento ocular, lo que nos da la capacidad de asimilar bloques completos de palabras cada vez que nuestros ojos se mueven sobre un texto. Esto, por supuesto, incrementa la velocidad de lectura, pero además, mejora la comprensión. Los procedimientos tradicionales de lectura dejan, entre palabra y palabra, grandes espacios de tiempo ocioso que nuestra mente utiliza para desviarse hacia el primer estímulo exterior o preocupación interior. Con las técnicas de lectura por bloques de palabras, fundamento de la lectura dinámica, aprendemos a tomar directamente del texto, el sentido de cada frase, disminuyendo las posibilidades de distracción y aumentando las capacidades de concentración.

Por ejemplo, alguien que sabe mecanografía, puede escribir sin mirar el teclado porque su mente aprendió a relacionar una cierta ubicación en el espacio, con la imagen definida para cada letra, y reacciona inmediatamente cuando se presenta dicho estímulo visual. Si esa misma persona se pone a escribir mirando el teclado, es muy probable que lo haga mucho más lento y que se equivoque con más frecuencia, ya que los procesos conscientes deben seguir una secuencia de acciones mucho más elaborada. Lo mismo sucede con la lectura por bloques. Si dejamos que una frase llegue a nuestra mente sin prestarle atención directa, los mecanismos internos, desarrollados por la experiencia, se encargarán de relacionarlo con la idea que representa en forma casi instantánea, sin necesidad de analizar palabra por palabra. Cuando vemos, por ejemplo, un árbol, no es necesario que estudiemos en forma consciente cada una de sus partes para concluir de qué se trata; nuestra experiencia ya ha establecido una relación directa entre la imagen y la idea de un árbol. Con este método aprendemos a ver cada bloque de palabras como una imagen y a comprender su significado en forma automática.

Ejercicios

Final	Hora	Minutos	Segundos

Cálculo 1 (segundos)

Hora (inicial)		×	3600	=
Minutos (inicial)		×	60	=
			Segundos (inicial)	
			Suma	

Cálculo 2 (segundos)

Hora (final)		×	3600	=
Minutos (final)		×	60	=
			Segundos (final)	
			Suma	

Cálculo 3 (segundos)

Suma cálculo 2		−	Suma cálculo 1		=	

Cálculo 4 / Velocidad (palabras por minuto)

Palabras del texto	470	× 60 =		÷ Cálculo 3 =	

b. Asimilación

Anota en el espacio asignado, debajo de las frases que siguen, cuáles de ellas pertenecen al texto que acabas de leer. Será importante para conocer tu nivel real, que no vuelvas a consultarlo hasta que hayas terminado:

1. radio sacudió a los periódicos.
2. en colocar más noticias en la
3. Baltimore News donde ahora
4. Estados Unidos, parten de la idea
5. medio de comunicación. Más aún, de
6. dólares prestados. Aunque Time
7. interpretar cualquier detalle de lo
8. resultó afectada por el nuevo
9. colabora Britt Hadden. La
10. ganando tan sólo 16 en el Chicago
11. coincidió: ese era el título. En
12. titular Facts. Una noche, sin
13. acostumbrados. Hadden y Luce
14. dinero, menos. Pero con antiguos
15. entre palabra y palabra, grandes
16. de Time, aparecido con fecha 3 de
17. para concentrarse en el
18. desviarse hacia el primer estímulo
19. como reportero por el diario New
20. una revista que Luce piensa
21. Daily News, pero renuncia para
22. cuadros o mapas y explicar la
23. magazine, expresión equivalente a
24. distracción y aumentado las
25. colegas de los diarios, los
26. imágenes en lapsos
27. «semanario noticioso» que —como
28. familiares consiguieron 80,000
29. frescas, pero sí podía
30. minuto las noticias de personas,
31. aprendió a relacionar una cierta
32. Aun visto con ojos actuales, ese
33. Hadden obtiene el premio Phi Beta
34. inventaron una original fórmula
35. Los vespertinos empezaron a
36. aquello; transformarlo en un
37. de regreso en Estados Unidos,
38. se encargarán de relacionarlo con
39. embargo, mientras este viaja en el
40. teletipo al micrófono y de este a
41. relación directa entre la imagen y
42. tiempo de cambiar». Lo hechizó la
43. adaptarse a los nuevos vientos.
44. pensar con ella. El primer número
45. podía competir contra los diarios
46. lenguaje periodístico universal y
47. tenían experiencia en revistas;
48. caminos distintos pero no muy
49. con los usuarios, permitiéndoles
50. su novedosa fórmula, más que un

Números asignados a las frases que pertenecen al texto:_____

Factor de asimilación
Cantidad de aciertos ____ + 100 = ____

Velocidad combinada (palabras por minuto)
Velocidad ____ × Factor de asimilación ____ = ____

> **NOTA.** Consulta después los números correctos en el Apéndice I para conocer el número de aciertos.

2. Evaluación inicial (en voz alta)

a. Velocidad

Lee el siguiente texto en voz alta. Anota la hora al empezar y al terminar tal y como se indica en las instrucciones. Efectúa luego los cálculos que se indican para obtener tu velocidad expresada en Palabras por Minuto.

"Los de abajo"
(Fragmento)
por Mariano Azuela

Te digo que no es un animal... Oye cómo ladra el Palomo... Debe ser algún cristiano...

La mujer fijaba sus pupilas en la oscuridad de la sierra.

—¿Y que fueran siendo federales? —repuso un hombre que, en cuclillas, yantaba en un rincón, una cazuela en la diestra y tres tortillas en taco en la otra mano.

La mujer no le contestó; sus sentidos estaban puestos fuera de la casuca. Se oyó un ruido de pezuñas en el pedregal cercano, y el Palomo ladró con más rabia.

—Sería bueno que por sí o por no te escondieras, Demetrio.

El hombre, sin alterarse, acabó de comer; se acercó un cántaro y, levantándolo a dos manos, bebió agua a borbotones. Luego se puso en pie.

—Tu rifle está debajo del petate —pronunció ella en voz muy baja.

El cuartito se alumbraba por una mecha de sebo. En un rincón descansaban un yugo, un arado, un otate y otros aperos de labranza. Del techo pendían cuerdas sosteniendo un viejo molde de adobes, que servía de cama, y sobre mantas y desteñidas hilachas dormía un niño.

Demetrio ciñó la cartuchera a su cintura y levantó el fusil. Alto, robusto, de faz bermeja sin pelo de barba, vestía camisa y calzón de manta, ancho sombrero de soyate y guaraches. Salió paso a paso, desapareciendo en la oscuridad impenetrable de la noche. El Palomo, enfurecido, había saltado la cerca del corral. De pronto se oyó un disparo, el perro lanzó un gemido sordo y no ladró más.

Unos hombres a caballo llegaron vociferando y maldiciendo. Dos se apearon y otro quedó cuidando las bestias.

—¡Mujeres..., algo de cenar!... Blanquillos, leche, frijoles, lo que tengan, que venimos muertos de hambre.

—¡Maldita sierra! ¡Sólo el diablo no se perdería!

—Se perdería mi sargento, si viniera de borracho como tú...

Uno llevaba galones en los hombros, el otro cintas rojas en las mangas.

—¿En dónde estamos, vieja?... ¡Pero con una!... ¿Esta casa está sola?

—¿Y entonces, esa luz?... ¿Y ese chamaco?... ¡Vieja, queremos cenar, y que sea pronto! ¿Sales o te hacemos salir?

—¡Hombres malvados, me han matado mi perro!... ¿Qué les debía ni qué les comía mi pobrecito Palomo?

La mujer entró llevando a rastras el perro, muy blanco y muy gordo, con los ojos claros ya y el cuerpo suelto.

—¡Mira no más qué chapetes, sargento!... Mi alma, no te enojes, yo te juro volverte tu casa un palomar; pero, ¡por Dios!...

No me mires airada...
No más enojos...
Mírame cariñosa,
luz de mis ojos,

—acabó cantando el oficial con voz aguardentosa.

Final	Hora	Minutos	Segundos

Cálculo 1				(segundos)
Hora (inicial)	×	3600	=	
Minutos (inicial)	×	60	=	
		Segundos (inicial)		
		Suma		

Cálculo 2				(segundos)
Hora (final)	×	3600	=	
Minutos (final)	×	60	=	
		Segundos (final)		
		Suma		

Cálculo 3			(segundos)
Suma cálculo 2	− Suma cálculo 1	=	

Cálculo 4 / Velocidad			(palabras por minuto)
Palabras del texto	× 60 =	÷ Cálculo 3 =	

b. Asimilación

Anota en el espacio asignado, debajo de las frases que siguen, cuáles de ellas pertenecen al texto que acabas de leer. Será importante para conocer tu nivel real, que no vuelvas a consultarlo hasta que hayas terminado:

1. historias». Pero, incluso
2. elaboración suele realizarse con
3. político y se presentaba en un
4. Debe ser algún cristiano
5. comparativamente muy pequeño para
6. federales? —repuso un hombre
7. —hasta entonces muy asociado sólo
8. tratamiento especial en el
9. en dos o tres brochazos, no
10. significativos. Enlazar asuntos.
11. La mujer no le contestó; sus
12. según su temática, en 22 secciones
13. protagonistas. Inicialmente, el
14. fundadores eligieron un tamaño
15. sofocantes normas del periodismo
16. —Sería bueno que por sí o por no
17. Como hemos dicho, en el ordenado
18. aprendidas luego de un agudo
19. país, se resumía su desarrollo
20. mejor a través de sus
21. las anécdotas en contextos
22. el recurso a la poesía cuando con
23. tema de portada no suponía ningún
24. consignado en su folleto
25. acabó de comer; se acercó un
26. publicaciones. El contenido estaba
27. comparando su tamaño con el de
28. externamente, el Time era
29. de gran intensidad humana. Desde.
30. —Tu rifle está debajo del petate
31. realizaban sondeos de opinión
32. creían firmemente —y así lo habían
33. una mecha de sebo. En un
34. ocasionalmente en relatos con
35. digerir el fondo. Se trataba de
36. también el concepto de «noticias»,
37. techo pendían cuerdas sosteniendo
38. acontecimientos se comprendían
39. para ampliarlo a asuntos
40. de aparición. En palabras de David

41. de «noticia», es en el campo de
42. de una página a otra no inmediata,
43. Cruzar informaciones. Suscitar
44. pintura, foto e incluso
45. Demetrio ciñó la cartuchera a su
46. las corrientes ideológicas y hasta
47. estudio del New York Times. Cada
48. semanas de antelación a su fecha
49. enfurecido, había saltado la
50. completamente novedoso. Sus

Números asignados a las frases que pertenecen al texto:_____

_____
_____
_____
_____

NOTA. Consulta después los números correctos en el Apéndice I para conocer el número de aciertos.

Factor de asimilación
Cantidad de aciertos	+ 100 =

Velocidad combinada (palabras por minuto)
Velocidad	× Factor de asimilación	=

NOTA. Si el resultado de la evaluación del Ejercicio 1 es 50%, o más, superior al del Ejercicio 2 significa que no estás incurriendo en el vicio de lectura conocido como "murmuración", y por lo tanto será opcional llevar a cabo los Ejercicios 4 y 5. Si el porcentaje fuera menor, estos serán obligatorios.

❸ Evaluación de vocabulario ●●●●●●●●●●●●●●●●

Escribe después de cada palabra su significado. NO utilices diccionarios o ayudas externas. Escribe lo que tú entiendas de cada término.

a. Ad Hoc _____
_____
_____

b. Affaire _____
_____
_____

c. Chef _____
_____
_____

d. Confort _____
_____
_____

e. Ferry _____
_____
_____

f. Inferir _____
_____
_____

g. Inherente _____
_____
_____

h. Postulante _____
_____
_____

i. Premisa _____
_____
_____

j. Protagonizar _____
_____
_____

Coteja las respuestas con las definiciones que vienen en el Apéndice I y asigna un punto por cada acierto.

Calificación del ejercicio **PUNTOS**

NOTA. Si obtuviste 10 puntos, todos los ejercicios relacionados con Vocabularios serán opcionales. Si fue mayor o igual a 8, dichos ejercicios sólo serán recomendables. Si fue menor a 8, serán obligatorios.

④ Murmuración

La enseñanza de la lectura en la educación primaria centra su estrategia en la voz, es decir, en escuchar al alumno para saber si lo está haciendo correctamente o no. Bien visto, tiene sentido, sobre todo en los primeros años en los que la supervisión de los mayores es tan importante. El problema es que en los años subsecuentes siguen insistiendo en que se lea en voz alta. Por supuesto que es importante saber si están dándole la entonación adecuada, si están respetando la puntuación o, incluso, si no tienen problemas de dicción, pero todo esto sería válido si la lectura se ejerciera única y exclusivamente en público y no a nivel personal. Actualmente la gente encara la lectura no como un ejercicio intelectual sino como un discurso hacia sí mismos, y en ello están sufriendo un vicio que provoca que lean hasta cuatro veces más lento que si lo hicieran mentalmente. Ese típico murmullo que se escucha en una biblioteca, en donde el silencio debiera ser absoluto, se debe a todas aquellas personas que leen hablando.

Pero, aparte de la velocidad, ¿cuál sería el problema? ¿Qué tiene de malo leer despacio? Bueno, yo diría que mucho. El efecto de leer con lentitud no es solamente que vamos a tardar más en terminar un texto, sino que, además, la comprensión del mismo será mucho más pobre. Cuanto más lento leamos más fácil será perder la hilación de las ideas. La percepción de que para comprender mejor debemos disminuir la velocidad es completamente falsa.

La velocidad sí tiene mucho que ver con la comprensión, por lo que, para mejorar en este sentido, deberás hacer un esfuerzo serio por no repetir mentalmente las palabras que vayas leyendo, y mucho menos con la boca. Al principio te costará un poco, pero cuando lo logres habrás dado un paso muy importante hacia la productividad en la lectura. El siguiente ejercicio es una buena ayuda para lograrlo.

Resumen del alumno: _____
_____
_____
_____

5 Ejercicio de lectura mental

Este ejercicio tiene por finalidad mostrar cómo romper con el vicio de la "murmuración" y lograr identificar a cada palabra como una idea y no como una secuencia de letras o sonidos. Para llevar a cabo este ejercicio deberás concentrar tu mirada en la palabra que se muestra en el centro de la línea y leerla el número de veces que necesites hasta darte cuenta de que ya no la estás repitiendo. No importa que estés uno o dos minutos mirándola. Deberás tratar de verla no como una serie de letras sino como un símbolo único, como una sola imagen. Tómate el tiempo necesario para lograr el objetivo:

mesa

Bien. Esa última representación mental de la idea que representa la palabra, es la que tendrás que lograr en todas las que leas. Repite ahora el ejercicio para las siguientes palabras:

silla

casa

árbol

lápiz

Me imagino que ya para la última palabra la representación mental de la idea surgió más rápido que con la primera. Ahora, a partir de este momento, deberás esforzarte por leer de la misma forma todo lo que caiga en tus manos. Será importante autoevaluarse constantemente para no caer en el antiguo vicio.

Ejercicio terminado satisfactoriamente   Sí   No

(Marca el que corresponda)

Ejercicios

6 Evaluación de retención

La siguiente es una evaluación para medir tu capacidad de comprensión y retención. Deberás recordar el texto del Ejercicio 4 y completar los siguientes enunciados circunscribiendo la opción correcta. Al terminar, revisa los resultados correctos en el Apéndice I, asignándote un punto por cada acierto.

a. La técnica de la lectura dinámica se basa en:
   1. La lectura por bloques de palabras
   2. La lectura de palabra por palabra
   3. La lectura en silencio

b. Las técnicas de lectura dinámica fueron desarrolladas:
   1. A finales del siglo XIX
   2. A mediados del siglo XX
   3. A mediados del siglo XIX

c. La circunstancia que facilita la distracción es:
   1. La lectura veloz
   2. El tiempo ocioso entre palabra y palabra
   3. La aparición de imágenes en forma instantánea

d. La capacidad de la computadora en la que principalmente se basa el programa que se menciona en el texto es:
   1. Desplegar imágenes en lapsos programados
   2. Desplegar imágenes a colores
   3. Interactuar con el usuario

e. Para alguien que sabe mecanografía, escribir a máquina mirando el teclado le resultaría:
   1. Igual de sencillo
   2. Más fácil
   3. Más difícil

Ejercicios

f. Si dejamos que una frase completa llegue a nuestra mente sin haber leído explícitamente cada palabra:
   1. No podrá entenderse
   2. Los mecanismos internos lo interpretarían automáticamente
   3. Deberá razonarse palabra por palabra para entenderse

g. La lectura por bloques podría equivaler a la lectura de:
   1. Escritura Braile
   2. Jeroglíficos
   3. Ideogramas

h. Otra capacidad de la computadora que también aprovecha el programa que se menciona en el texto:
   1. Comunicación con los usuarios
   2. Almacenamiento masivo de información
   3. Velocidad de proceso

i. Las técnicas de lectura dinámica fueron desarrolladas en:
   1. Europa
   2. Estados Unidos de América
   3. Asia

j. Para evitar la murmuración, se identifica cada palabra como una:
   1. Secuencia de sonidos
   2. Agrupación de letras
   3. Idea

Calificación del ejercicio	PUNTOS

Nota. Si tu calificación no fue de 10, deberás poner especial atención en todos los ejercicios relacionados con *Memoria*.

7 Evaluación inicial de memoria

a. Anota la hora en el espacio asignado y empieza a leer el texto que sigue. Al terminar, tápalo con un papel, y continúa con la parte *b.*

| Inicio | Hora | Minutos | Segundos |

"Sonetos I"
por Sor Juana Inés de la Cruz

Este, que ves, engaño colorido,

que del arte ostentando los primores,

con falsos silogismos de colores

es cauteloso engaño del sentido;

este, en quien la lisonja ha pretendido

excusar de los años los horrores,

y venciendo del tiempo los rigores

triunfar de la vejez y del olvido,

es un vano artificio del cuidado,

es una flor al viento delicada,

es un resguardo inútil para el hado

es una necia diligencia errada,

es un afán caduco y, bien mirado,

es cadáver, es polvo, es sombra, es nada.

EJERCICIOS

b. Todas las frases numeradas que aparecen a continuación pertenecen al texto que acabas de leer. Escribe debajo, en el espacio asignado, los números de dichas frases en la secuencia que al final te guíe para leer las frases en el orden correcto. Recuerda que cuentan tanto el título y el autor, como las líneas en blanco. Anota la hora al terminar.

NOTA. Te recomiendo no revisar el texto completo una vez que termines de leerlo, pero si lo hicieras, súmale un minuto cada vez.

1. excusar de los años los horrores,
2. que del arte ostentando los primores,
3. <LÍNEA EN BLANCO>
4. este, en quien la lisonja ha pretendido
5. Este, que ves, engaño colorido,
6. es una flor al viento delicada,
7. es una necia diligencia errada,
8. es un afán caduco y, bien mirado,
9. es un vano artificio del cuidado,
10. es un resguardo inútil para el hado:
11. es cauteloso engaño del sentido;
12. es cadáver, es polvo, es sombra, es nada.
13. triunfar de la vejez y del olvido,
14. por Sor Juana Inés de la Cruz
15. con falsos silogismos de colores
16. "Sonetos I"
17. y venciendo del tiempo los rigores

| Final | Hora | Minutos | Segundos |

Números de las frases en orden: _____
_____
_____

Nota 1. Al escribir el número correspondiente a una <LÍNEA EN BLANCO>, en su lugar deben utilizarse las letras: LB.

Nota 2. Consulta después los números correctos en el Apéndice I para conocer el número de aciertos.

Factor de acomodo

Aciertos		+ Palabras del texto	95	=	

Cálculo 1 (segundos)

Hora (inicial)		×	3600	=	
Minutos (inicial)		×	60	=	
			Segundos (inicial)		
			Suma		

Cálculo 2 (segundos)

Hora (final)		×	3600	=	
Minutos (final)		×	60	=	
			Segundos (final)		
			Suma		

Cálculo 3 (segundos)

Suma cálculo 2		− Suma cálculo 1		=	

Cálculo 4 / Velocidad (palabras por minuto)

Palabras del texto	95	× 60 =		÷ Cálculo 3 =	

Velocidad combinada de acomodo (palabras por minuto)

Velocidad		× Factor de acomodo		=	

8 La importancia del vocabulario

Sea cual fuere el objetivo que persigas al leer, entender el significado de las palabras se impone como requisito básico, sobre todo si lo quieres hacer con fluidez. Es por ello que ampliar el vocabulario será fundamental para aprovechar el tiempo que le dediques a la lectura. He aquí algunas recomendaciones importantes en este sentido:

a. No dejes pasar palabra alguna sin estar seguro de su significado. Si tienes duda, investígalo. Con seguridad te servirá más tarde.
b. Siempre que leas, ten un diccionario a la mano, ya sea técnico, si tu profesión te lo exige, o del idioma en general. Esto agilizará el aprendizaje de palabras nuevas.
c. Pon en práctica las palabras que vayas aprendiendo. Sólo así pasarán a formar parte de tu vocabulario cotidiano.
d. Fíjate como meta conocer el significado de, al menos, una palabra por día.

Un vocabulario amplio no sólo te permitirá comprender mejor y más rápido lo que leas sino que, además, te servirá para expresar tus ideas de una manera más clara y precisa.

Resumen del alumno: _____
_____
_____
_____

⑨ Vocabulario

Escribe después de cada palabra su significado. Haz uso de cualquier diccionario o material especializado.

a. Conspicuo _____
_____
_____

b. Promiscuo _____
_____
_____

c. Crisis _____
_____
_____

d. Corroborar _____
_____
_____

e. Chovinismo _____
_____
_____

f. Aglutinar _____
_____
_____

Ejercicios

g. Asumir _____
_____
_____

h. Carisma _____
_____
_____

i. Claxon _____
_____
_____

j. Detentar _____
_____
_____

Ejercicio terminado satisfactoriamente   Sí   No
(Marca el que corresponda)

10. Definición de objetivos

Seremos productivos si aprovechamos al máximo el tiempo dedicado a interpretar los códigos escritos, pero más lo seremos si hacemos buen uso de su significado. Podremos pensar que somos muy eficientes si leemos el instructivo de instalación de un aparato electrónico en pocos segundos, pero si este no corresponde al que acabamos de comprar, todo habrá sido una lamentable pérdida de tiempo.

En mis tiempos de soporte técnico de computadoras grandes, puesto que desempeñé por más de diez años en una empresa transnacional en diversos países de Centro y Norteamérica, 80% de los problemas los solucionaba llamando al operador, o al programador, para hacerle notar en qué página se encontraba la información necesaria para solucionarlos. El secreto, además de la experiencia, estaba en saber en cuál de los muchos manuales debía buscar sin tener que leer cada una de sus páginas. Puede parecer obvio que para aprovechar correctamente un texto, este debió ser bien seleccionado, pero muchas veces parece que lo olvidamos. ¿Cuánto debe transcurrir antes de darnos cuenta de que un texto no es el que buscamos? ¿Segundos, minutos, horas, días? Nos cuesta, a veces, admitir que el tiempo, casi siempre, se nos escapa por los lugares más obvios.

Para resolver este problema, antes que nada, debes definir para qué vas a leer, es decir, cuál es el objetivo que persigues al dedicar un determinado tiempo a interpretar lo que dice un texto. ¿Leerás para disfrutar del momento, para informarte o para asimilar los datos y conceptos de la obra? En cada caso existen consideraciones especiales que deberás tomar en cuenta para dedicarle tu tiempo sólo al texto que realmente te interesa:

a. La lectura de placer

Si bien cuando leemos por el gusto de hacerlo el factor que más resalta es la disposición de tiempo, este hecho no significa que estemos dispuestos a desperdiciarlo. Aun en la literatura habrá obras buenas y malas, unas que nos gusten y otras que nos aburran. Es por ello que antes de empezar un libro tendremos que seleccionarlo con cuidado. Aun en la búsqueda del placer nos obliga la productividad.

Cuando tomamos un libro, tenemos dos elementos que nos permitirán determinar qué probabilidades tiene de gustarnos: el autor y el resumen que viene en la contraportada. En la mayor parte de los casos, esta información será suficiente para determinar si vale la pena dedicarle el tiempo que requiera su lectura. Pero en el resto no basta. Encandilados por la portada, tal vez, o entusiasmados por la recomendación de algún amigo, empezamos con los primeros capítulos y avanzamos esperanzados en que pronto llegará la parte de interés, e incluso llegamos al final, pero nunca la encontramos. Muchas veces leemos "forzados" por la fama del escritor o por el éxito del título, y nos cuesta admitir que no lo entendemos o que no compartimos el gusto de los demás. Si este fuera el caso, no pierdas el tiempo: lee uno o dos capítulos, y si no cumplen con tus expectativas, sea quien fuera el autor o la obra, cierra el libro y regrésalo a su lugar. No esperes más. No se trata de hacer un análisis literario para decidir si continúas o no.

Recuerda que lo que está en juego es algo que una vez perdido ya no se recupera: tu tiempo.

Resumen del alumno: _____
_____
_____
_____

b. Lectura informativa

Cuando leemos para informarnos, lo que hacemos es armar en nuestra mente un índice de conocimientos, es decir, una lista ordenada de conceptos generales con apuntadores de la información detallada. Decía Einstein: "para qué memorizarlo si lo tenemos por escrito", y tenía razón. Nos gusta un artículo, lo leemos y lo entendemos pero, ¿es necesario que memoricemos su contenido? No. Nos basta saber que existe y dónde podremos encontrarlo. Recibimos un informe, extraemos los datos más relevantes y lo archivamos. Nos pasan un reporte, sacamos las conclusiones y lo guardamos. Visitamos una página de Internet, nos gusta y la ponemos en la lista de favoritas. Este mecanismo es el que nos permite tener a nuestra disposición cantidades masivas de información sin necesidad de ocupar recursos cerebrales, que de esta forma pueden ocuparse en otras cuestiones. Si necesitamos el detalle de alguna información, recurrimos a esa lista mental de ideas y una vez localizada recurrimos a la fuente en la que se generó. Por lo tanto, en estos casos son muy importantes los elementos que nos permiten obtener resúmenes lo más rápida y objetivamente posible.

La lectura informativa está ligada a dos tipos de textos: los impresos por los medios de comunicación, llámense diarios, periódicos, revistas, diccionarios, manuales de referencia, etcétera, y los que escribe gente como nosotros en cartas, propuestas, informes, correos electrónicos y demás. La diferencia es muy grande. En el primer caso, la información viene clasificada y ordenada, y está estructurada tomando en cuenta la trascendencia de cada una de sus partes. En el otro, es decir, en aquel en que los textos van dirigidos de persona a persona, estos no sólo carecen de todo orden temático, sino que, además, en la mayor parte de los casos, no cuentan con las consideraciones básicas de sintaxis, semántica, ortografía y redacción.

Para aprovechar el tiempo que le dedicamos a la lectura informativa partiendo de trabajos impresos en publicaciones profesionales, las recomendaciones son sencillas:

1. Revisar el índice.
2. Leer encabezados, subtítulos, gráficas e imágenes.
3. Leer el primer párrafo del texto que describe el tema.

Terminado este punto, tendremos una idea muy clara del contenido y con ello los elementos que nos permiten decidir si le dedicamos más tiempo a la lectura del resto o no.

Pero cuando leamos textos que nos dirija otra persona, tendremos que ser más cuidadosos. Los únicos datos que podremos tomar con la seguridad de entenderlos con rapidez son la fecha y la firma. Para todo lo demás necesitaremos otra estrategia. Dado lo mal que, en términos generales, escribe la gente, la única forma de enterarnos de su contenido será leerlo en su totalidad con todo el detenimiento posible. Recuerda que una cosa es lo que queremos escribir, otra lo que escribimos y otra lo que nos entienden. Sólo cuando coincidan las tres, habremos logrado la comunicación correcta. Podríamos recomendar las técnicas de lectura rápida para estos casos, pero para ello sería necesario que, al menos, las palabras se emplearan en su sentido correcto y que estén escritas tomando en cuenta las reglas ortográficas, lo que difícilmente sucede.

Resumen del alumno: _____
_____
_____
_____

c. Lectura para el análisis y asimilación

Cuando leemos para aprender el detalle de un texto, el factor que determinará el aprovechamiento del tiempo será la concentración. Y esto no es más que la capacidad de circunscribir nuestro pensamiento a un tema determinado aislándonos de interferencias tanto externas como internas. La concentración es un proceso similar al sueño. Nuestros sentidos no dejan de emitir señales al cerebro, sin embargo, este responderá sólo a aquellas que reúnan ciertas características de intensidad y forma. Una madre, por ejemplo, podrá dormirse profundamente aun cuando en el ambiente haya ruido, para otros insoportable, pero despertará si su bebé tose o se queja emitiendo sonidos imperceptibles para los demás. La concentración no depende de los estímulos externos o internos que llegan a nuestro cerebro, sino de la capacidad de seleccionar a cuál de ellos le responderemos.

Esa capacidad de aislamiento estará determinada, en la mayor parte de los casos, por el interés natural que sintamos hacia determinado tema. Aquello que nos apasione, provocará que una gran parte de los recursos intelectuales los destinemos a analizar la información y a relacionarla con experiencias previas, para así almacenarla en las capas más profundas de nuestra mente, consolidándola como recuerdo. Este proceso necesita que una gran cantidad de sangre se concentre en el cerebro, debiendo disminuir su circulación por los centros que controlan los sentidos limitando de esa forma sus niveles de percepción. Es por ello que durante periodos prolongados de concentración, los ruidos o los movimientos a nuestro alrededor no nos afectan, y al terminar sentimos la cabeza caliente y puede verse enrojecida. Pero el problema es que no siempre nos apasionamos o, incluso, interesamos por lo que tenemos que estudiar. Es más, podríamos decir que son pocas las veces en que eso sucede, lo cual nos lleva a hacernos una pregunta trascendental:

—¿Podemos asimilar un texto sin necesidad de concentrarnos?

Definitivamente la respuesta es no. Si no logramos relacionar la información que estamos leyendo con experiencias previas, no tendremos los elementos básicos para encontrarla cuando la necesitemos. Es como si arrojáramos toneladas de libros a una bodega sin orden o control alguno. La información estaría allí almacenada pero no sabríamos por dónde empezar a buscarla. Eso es lo que hacemos cuando leemos sin concentrarnos.

Resumen del alumno: _____
_____
_____
_____

ⓘ Lectura de palabra por palabra ●●●●●●●●●●●●

Los procedimientos tradicionales de lectura dejan, entre palabra y palabra, grandes espacios de tiempo ocioso que nuestra mente utiliza para desviarse hacia el primer estímulo exterior o preocupación interior, provocando con ello la necesidad de volver a leer la última frase o párrafo en reiteradas ocasiones si queremos entenderlo.

Para atacar este problema surgen las técnicas de lectura veloz, desarrolladas a mediados de los años cincuenta en Estados Unidos, que parten de la idea de que nuestra mente puede interpretar cualquier detalle de lo que la vista abarca en cada movimiento ocular, lo que nos da la capacidad de asimilar bloques completos de palabras cada vez que nuestros ojos se mueven sobre un texto. Esto, por supuesto, incrementa la velocidad de lectura, pero además, mejora la comprensión. Con las técnicas de lectura por bloques de palabras, fundamento de la lectura veloz, aprendemos a tomar directamente del texto, el sentido de cada frase, disminuyendo las posibilidades de distracción y aumentado las capacidades de concentración.

Resumen del alumno: _____
_____
_____
_____

12 Ampliación estática del rango visual ●●●●●●●●●

Uno de los secretos de la lectura rápida está precisamente en la amplitud del rango visual y mental, y para conseguirlo empezaremos por realizar algunos ejercicios que permitirán agrandarlo.

Fija tu vista en el asterisco que aparece arriba de cada bloque y trata de visualizar las tres letras ubicadas, cada una, a la izquierda, al centro y a la derecha. Por ejemplo, en el siguiente bloque deberás identificar las letras S, M y J:

*

S90383578M85848383J

Recuerda que la vista no debe moverse del asterisco. Concéntrate bien en cada bloque y no pases al siguiente antes de lograr una representación mental nítida de las tres letras. Trabaja en este ejercicio no menos de cinco minutos. Si al terminar el tiempo no se han cumplido todos, vuelve a empezar con el primero:

*

D10293848F10293848G

*

E71637589R71637589T

*

Y63758912U63758912I

*

Q94857573W94857573E

*

B75891258G75891258T

Ejercicio terminado satisfactoriamente   Sí   No

(Marca el que corresponda)

13 Concentración y memoria

La concentración es una capacidad íntimamente ligada al aprendizaje. Sin concentrarnos podremos leer un texto veinte veces y no asimilarlo, y sin embargo, prestándole atención, en pocas lecturas lo habremos logrado.

Para concentrarnos, partamos de algunas reglas básicas, como ubicarnos en un lugar cómodo, tranquilo, bien ventilado e iluminado, sentarnos ante una mesa amplia en la que podamos distribuir el material de estudio, de forma tal que todo nos quede a la mano; no ingerir bebidas o sustancias excitantes o tranquilizantes, etcétera. Un medio ambiente agradable siempre es un buen punto de partida, aunque sabemos que muchas veces no es suficiente. Veremos, por lo tanto, algunas recomendaciones para incentivar el proceso intelectual que nos permite establecer mecanismos ágiles y confiables para el almacenamiento y recuperación de la información:

a. Define con anterioridad qué es lo que buscas en el texto: aprende fechas, lugares, personajes, procesos o situaciones, sacar un resumen general, analizar su estructura literaria, etcétera.

b. Piensa para qué te va a servir. Tal vez lo que debas aprender no te llame la atención en sí mismo, pero podría significar una de las partes que te estaba haciendo falta en otro proceso de máximo interés para ti.

c. Pregúntate en cada párrafo cómo encaja lo que acabas de leer con lo que ya sabes. Leer nos permite aprender cosas nuevas, pero también sirve para confirmar conocimientos previamente adquiridos. Al establecer la diferencia habremos logrado conectar todo aquello que no sabíamos, con experiencias ya almacenadas en la memoria, con lo cual tendremos los elementos de búsqueda necesarios para un acceso rápido y seguro.

d. Resume mentalmente cada párrafo con una frase. Esto te obligará a razonar lo que acabas de leer. Esta técnica, se conoce como *resumen conceptual*. Una vez concluido, te permitirá leer nuevamente el texto siguiendo tus propias palabras, logrando así una asimilación mucho más rápida de la idea que pretendía transmitir.

Todos estos puntos requieren práctica. No se logran de la noche a la mañana. Tal vez pienses al principio que estás leyendo con lentitud, pero recuerda que cuando los domines estarás en capacidad de aprender cualquier texto en una o dos lecturas como máximo.

Resumen del alumno: _____
_____
_____

⑭ Ejercicio para la comprensión instantánea de bloques

Este ejercicio tiene la finalidad de adiestrar la mente en la comprensión instantánea de bloques de palabras. Empezando por el primero, fija tu vista en el asterisco, y sin mover tus ojos trata de entender el contenido de la frase que viene abajo. Cuando lo hayas logrado continúa con el bloque siguiente, y así sucesivamente hasta el último. Repite la secuencia, tratando de hacerlo cada vez con mayor velocidad, hasta completar los cinco minutos recomendados.

*

dice. Adiós. Mundos

*

en los caminos tenía mi

*

nuevos, aires nuevos,

*

Adiós. Hermosa palabra

*

Adiós. ¡Cómo es posible

*

en mis años mozos la

*

cuando es uno el que la

*

mencionarla; yo, que

*

yo, que ignoré amistades

*

no recordarla! Yo, que

| Ejercicio terminado satisfactoriamente | Sí | No |

(Marca el que corresponda)

> **Nota.** Puedes ejercitarte en la calle mirando letreros, o encabezados de diarios o revistas, de reojo, tratando de entender su contenido con apenas un golpe de vista. También es un buen ejercicio ver películas en idioma distinto del tuyo, que sean presentadas con subtítulos en español. Trata de interpretar cada frase sin dejar de ver la imagen principal. Haz un esfuerzo por no mirar las palabras. Si estás aprendiendo inglés, por ejemplo, también será de utilidad.

15 Comprensión global en la lectura veloz ●●●●●●●

El objetivo de este ejercicio es asimilar todo el texto utilizando la técnica de lectura por bloques. De la misma forma que en el anterior, fija tu vista en el asterisco y no leas las palabras. Visualiza el bloque como conjunto. El secreto de esta técnica está en el ritmo. Ve bajando tu vista de asterisco en asterisco lo más rápido que puedas en periodos constantes. Si no alcanzaste a entender algún bloque, no te detengas. Sigue con el mismo ritmo hasta el final. Si no comprendiste el texto globalmente, repítelo un poco más despacio.

"El optimista"
por Eduardo Rhó

*

Facundo sintió un

*

golpe en la nuca y

*

abrió los ojos:

*

—Mañana será un día

*

mejor —pensó.

*

Sentado en su

*

trono, Kvar hojeaba

*

el manuscrito sobre

*

la historia de

*

Feelingburg cuando Homero

*

entró al salón:

*

—Me mandó llamar Su

*

Majestad. ¿En qué

*

puedo servirle? —le dijo

*

haciendo una reverencia

*

—He estado

*

revisando los

*

apuntes que me

*

enviaste.

*

Las piernas le

*

temblaron al ver

*

que el rey se

*

levantaba y

*

caminaba hacia él:

*

—He escrito sólo

*

con la verdad —se

*

defendió Homero.

*

—Y me quieres

*

decir, mi querido

*

Homero —le dijo

*

Kvar poniendo una mano en

*

su hombro

*

paternalmente—,

*

¿qué tiene que ver

*

la verdad con la

*

historia?

*

—¡Su Majestad! —le

*

respondió

*

sorprendido.

*

—Las verdades,

*

Homero, nunca son

*

absolutas. Por lo

*

general, la que

*

predomina en la

*

historia es la del

*

que la escribe, y

*

en este caso,

*

aunque tú esgrimes

*

la pluma, soy yo

*

quien la mueve. No

*

lo olvides. Pero no

*

era sobre eso que

*

quería hablarte. Me

*

preocupó el último

*

capítulo. Creo que

*

es obsceno —le dijo

*

tomándolo del

*

brazo y llevándolo

*

hacia la ventana.

*

Facundo trató en

*

vano de protegerse

*

con las manos al

*

ver que la

*
oscuridad se
*
acercaba con
*
rapidez a su cara:

*
—Ojalá ya me dejen
*
en paz —pensó.

*
—No entiendo —le
*
respondió Homero—.

*
Lo que describo
*
allí es algo que
*
cualquier pareja
*
puede hacer cualquier
*
noche. ¿Por qué ha
*
de ser obsceno?

*

—Porque somos seres

*

civilizados y

*

cualquier

*

manifestación

*

explícita de

*

nuestros instintos

*

nos recuerda lo

*

cerca que estamos

*

de los animales.

*

Por eso es que lo

*

hacemos en la

*

oscuridad, para no

*

ver el rostro de

*

nuestra pareja

*

enardecida por los

*
instintos carnales,
*
prisionera de los
*
deseos más
*
primitivos. ¡Qué
*
decepción verla en
*
ese estado! ¡Qué
*
vergüenza ser visto
*
en ese estado! La
*
civilización,
*
Homero, se empeña,
*
día a día, en
*
hacernos olvidar
*
que descendemos de
*
seres irracionales
*
y salvajes, y tú
*
vienes, tan

*

campante, a tratar

*

de despertar

*

nuestra memoria. Si

*

estás convencido de

*

que ese capítulo

*

debe figurar en la

*

historia, busca

*

formas más sutiles

*

—le respondió Kvar,

*

pidiéndole a

*

Homero, con un

*

gesto, que mirara

*

hacia la plaza

*

central donde

*

estaba reunida una

*

gran muchedumbre.

*
Facundo cerró los
*
ojos a pesar del
*
alarido. El día
*
siguiente, sin
*
duda, sería mejor.

*
El júbilo explotó
*
en gritos e
*
insultos. La cabeza
*
no se había
*
acomodado todavía
*
en la cesta cuando
*
la multitud se
*
abalanzó sobre la
*
tarima de ejecución
*
para llevarse el

*

cuerpo acéfalo de

*

Facundo para

*

descuartizarlo. La cabeza

*

les fue arrojada

*

por el verdugo al

*

suelo por donde fue

*

avanzando entre

*

puntapiés hasta

*

llegar a un charco.

*

Fue Juanito,

*

reivindicado ante

*

Kvar por haberle

*

contado lo que

*

Facundo hablaba

*

entre sueños en los

*

meses que

*

compartieron la

*

celda, y así

*

desenmascarar su

*

red de espionaje,

*

quien le dejó caer

*

encima una enorme

*

piedra.

*

Sangre, restos de

*

cerebro y barro le

*

salpicaron. El vino

*

nuevamente correría

*

libre por las

*

calles de

*

Feelingburg. El

*

traidor había

*
muerto. El pueblo
*
estaba feliz.

*
—¿Civilización?
*
—preguntó Homero.

*
—Civilización
*
—respondió Kvar
*
disfrutando del
*
espectáculo.

Resumen del alumno: _____
_____
_____
_____

16 Vocabulario

Escribe después de cada palabra su significado. Haz uso de cualquier diccionario o material especializado.

a. Enfatizar _____
_____
_____

b. Envergadura _____
_____
_____

c. Escindir _____
_____
_____

d. Especulación _____
_____
_____

e. Exento _____
_____
_____

f. Facción _____
_____
_____

g. Falacia _____
_____
_____

h. Hegemonía _____
_____
_____

i. Incidencia _____
_____
_____

j. Inherente _____
_____
_____

⑰ Ejercicio de memoria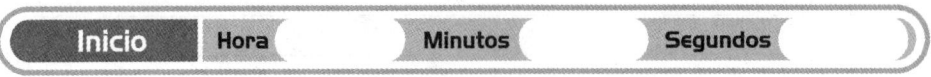

a. Anota la hora en el espacio asignado y empieza a leer el texto que sigue. Al terminar, tápalo con un papel, y continúa con la parte *b*.

| Inicio | Hora | Minutos | Segundos |

"Der traum ein leben"
por Francisco Acevedo

El diálogo ocurrió en Adrogué. Mi sobrino Miguel, que tendría cinco o seis años, estaba sentado en el suelo, jugando con la gata. Como todas las mañanas, le pregunté:

—¿Qué soñaste anoche?

Me contestó:

—Soñé que me había perdido en un bosque y que al fin encontré una casita de madera. Se abrió la puerta y saliste vos.

Con súbita curiosidad me preguntó:

—Decime, ¿qué estabas haciendo en esa casita?

Ejercicios

b. Todas las frases numeradas que aparecen a continuación pertenecen al texto que acabas de leer. Escribe debajo, en el espacio asignado, los números de dichas frases en la secuencia que al final te guíe para leer las frases en el orden correcto. Recuerda que cuentan tanto el título y el autor, como las líneas en blanco. Anota la hora al terminar.

> **NOTA.** Te recomiendo no revisar el texto completo una vez que termines de leerlo, pero si lo hicieras, súmale un minuto cada vez.

1. ¿Qué soñaste anoche?
2. Soñé que me había perdido en un
3. bosque y que al fin encontré una
4. <LÍNEA EN BLANCO>
5. puerta y saliste vos.
6. casita de madera. Se abrió la
7. Con súbita curiosidad me preguntó:
8. todas las mañanas, le pregunté:
9. <LÍNEA EN BLANCO>
10. Me contestó:
11. suelo, jugando con la gata. Como
12. El diálogo ocurrió en Adrogué. Mi
13. o seis años, estaba sentado en el
14. <LÍNEA EN BLANCO>
15. <LÍNEA EN BLANCO>
16. <LÍNEA EN BLANCO>
17. <LÍNEA EN BLANCO>
18. sobrino Miguel, que tendría cinco
19. Decime, ¿qué estabas haciendo en
20. esa casita?
21. <LÍNEA EN BLANCO>
22. por Francisco Acevedo
23. "Der traum ein leben"

Final	Hora	Minutos	Segundos

Números de las frases en orden: _____
_____
_____

> **NOTA 1.** Al escribir el número correspondiente a una <LÍNEA EN BLANCO>, en su lugar deben utilizarse las letras: LB.

NOTA 2. Consulta después los números correctos en el Apéndice I para conocer el número de aciertos.

Factor de acomodo

| Aciertos | | + Palabras del texto | 77 | = | |

Cálculo 1 (segundos)

Hora (inicial)		×	3600	=	
Minutos (inicial)		×	60	=	
			Segundos (inicial)		
			Suma		

Cálculo 2 (segundos)

Hora (final)		×	3600	=	
Minutos (final)		×	60	=	
			Segundos (final)		
			Suma		

Cálculo 3 (segundos)

| Suma cálculo 2 | | − Suma cálculo 1 | | = | |

Cálculo 4 / Velocidad (palabras por minuto)

| Palabras del texto | 77 | × 60 = | | ÷ Cálculo 3 = | |

Velocidad combinada de acomodo (palabras por minuto)

| Velocidad | | × Factor de acomodo | | = | |

⑱ Evaluación de lectura

a. Velocidad

Lee el siguiente texto en silencio. Anota la hora al empezar y al terminar tal y como se indicó en las instrucciones. Efectúa luego los cálculos que se indican para obtener tu velocidad expresada en Palabras por Minuto.

| Inicio | Hora | Minutos | Segundos |

"El Minotauro"
por Jorge Luis Borges

La idea de una casa
hecha para que la
gente se pierda es
tal vez más rara
que la de un hombre
con cabeza de toro,
pero las dos se
ayudan y la imagen
del laberinto
conviene a la
imagen del
minotauro. Queda
bien que en el
centro de una casa

monstruosa haya un habitante monstruoso. El minotauro, medio toro y medio hombre, nació de los amores de Parsifae, reina de Creta, con un toro blanco que Poseidón hizo salir del mar. Dédalo, autor del artificio que permitió que se realizaran tales amores, construyó el laberinto destinado a encerrar y a ocultar al hijo monstruoso. Este comía carne humana; para su alimento, el rey de Creta exigió anualmente de Atenas un tributo de siete mancebos y de siete doncellas. Teseo decidió salvar a su patria de aquel gravamen y se ofreció voluntariamente Ariadna, hija del rey, le dio un hilo para que no se perdiera en los corredores; el héroe mató al minotauro y pudo salir del laberinto. Ovidio, en un pentámetro que trata de ser ingenioso, habla del hombre mitad toro y toro mitad hombre; Dante, que conocía las palabras de los antiguos pero no sus monedas y monumentos, imaginó al minotauro con cabeza de hombre y cuerpo de toro (Infierno, XII:

1-30). El culto del toro y de la doble hacha (cuyo nombre era labrys, que luego pudo dar laberinto) era típico de las religiones prehelénicas, que celebraban tauromaquias sagradas. Formas humanas con cabeza de toro figuraron, a juzgar por las pinturas murales, en la demonología cretense. Probablemente, la fábula griega del minotauro es una tardía y torpe versión de mitos antiquísimos, la sombra de otros sueños aún más horribles.

Cálculo 1 (segundos)

Hora (inicial)		×	3600	=
Minutos (inicial)		×	60	=
			Segundos (inicial)	
			Suma	

Cálculo 2 (segundos)

Hora (final)		×	3600	=
Minutos (final)		×	60	=
			Segundos (final)	
			Suma	

Cálculo 3 (segundos)

Suma cálculo 2		− Suma cálculo 1	=

Cálculo 4 / Velocidad (palabras por minuto)

Palabras del texto	× 60 =	÷ Cálculo 3 =	

b. Asimilación

Anota en el espacio asignado, debajo de las frases que siguen, cuáles de ellas pertenecen al texto que acabas de leer. Será importante para conocer tu nivel real, que no vuelvas a consultarlo hasta que hayas terminado:

1. Phi Beta Kappa y es
2. editor general y Luce
3. el Chicago Daily News,
4. se pierda es tal vez más
5. periodistas en una tarea
6. donde ambos estudian.
7. ayudan y la imagen
8. médula, brillante y
9. preparatoria Hotchkiss
10. atlético organismo, la
11. monstruosa haya un
12. conjunción de esfuerzos
13. nominado «el más
14. en China de padre
15. más probable para
16. Hadden bate el récord de

17. Como las dos partes de
18. Luce: dos temperamentos
19. tradicional competencia
20. hombre, nació de
21. un cerebro excepcional,
22. lleva entonces por
23. tan distintos como
24. comía carne humana;
25. Los méritos se otorgan
26. de más prestigio
27. mancebos y de siete
28. caminos distintos pero
29. estudiar en Oxford la
30. ganando tan sólo 16 en
31. es contratado como
32. rey, le dio un hilo.
33. era introvertido,
34. original talento
35. gradúan con honores.
36. del hombre mitad
37. de estos brillantes
38. de trabajo, y una
39. estado compitiendo desde
40. era de buena familia
41. al diario Baltimore News
42. se centra en colocar más
43. lugar en el Daily News,
44. monumentos, imaginó
45. licenciados de la
46. reportero por el diario
47. misionero presbiteriano,
48. por ocupar la dirección
49. segundo round tiene
50. humanas con cabeza

Números asignados a las frases que pertenecen al texto:_____

_____
_____
_____

NOTA. Consulta después los números correctos en el Apéndice I para conocer el número de aciertos.

Factor de asimilación

Cantidad de aciertos		+ 100	=	

Velocidad combinada (palabras por minuto)

Velocidad	× Factor de asimilación		=	

⑲ Ejercicio de coordinación visual vertical ••••••

Este ejercicio tiene por objetivo fortalecer la coordinación visual vertical. Sin utilizar el dedo como guía, ni algún otro aditamento, cuenta la cantidad de letras "p" y el de "q" que hay tanto en la columna izquierda como en la derecha. Al terminar, llena los espacios que se abren a continuación.

p	q
p	p
p	p
p	p
p	p
p	p
p	p
p	p
p	p
p	q
p	q
p	q
p	q
p	q
p	q
p	q
q	q
q	q
q	q
q	q
q	q
q	q
q	q
q	q
q	q
q	q
q	q
q	q
p	p
p	p
p	p
p	p
p	p
p	p
p	p
p	p
p	q
p	q
p	q
p	q

Izquierda	Derecha
Cantidad de "p"_____	Cantidad de "p"_____
Cantidad de "q"_____	Cantidad de "q"_____

Nota. Consulta las cantidades correctas en el Apéndice I

Número de aciertos

Nota. Toma un descanso de 10 minutos si tienes la vista cansada.

⓴ Ejercicio de ampliación visual en columnas

De la misma forma que en los ejercicios al centro, fija tu vista en el asterisco y trata de identificar las tres letras. Empieza por la columna de la izquierda, de arriba hacia abajo, y luego, de la misma forma, con la derecha. Trabaja al menos cinco minutos en este ejercicio.

*
J1029384876D1029384876M

*
C1029384876D1029384876W

*
Q1637589125W1637589125E

*
Z3948575738A3948575738Q

*
Y2583547872J2583547872L

*
Y2583547872J2583547872L

*
W9937857593G9937857593I

*
W9937857593G9937857593I

*
Z3948575738A3948575738Q

*
J1029384876D1029384876M

Ejercicio terminado satisfactoriamente | Sí | No

(Marca el que corresponda)

21 Comprensión instantánea de bloques en columnas ••••••••••••••••••••••••••••

Este ejercicio es similar al de la lección anterior, pero ahora lo seguiremos en forma de columna. A partir de aquí los textos ya no tendrán la guía del asterisco arriba del punto medio del bloque. MIRA LOS BLOQUES. NO LEAS LAS PALABRAS. Recuerda repetir la misma secuencia, por lo menos, durante cinco minutos, tratando de hacerlo cada vez a mayor velocidad:

a lanzarnos todo tipo de

tratraba de calmar a la

pero ya nada lo

apropiarse de la corona;

computación al público,

se repartirían en

Majestad" —le gritó

empiezan a alcanzarnos.

haces aquí? —le preguntó

se estaría metiendo?

guardia mientras salía.

palabra, comunicación. Y

para tanto. Qué se

alejada de la entrada,

riqueza fundamental de

nuestras necesidades.

escucharon dos disparos.

comentario. Después de

sonrisa poco sutil.

esquina del local más

que una vez que te pague

Mientras se lo echaba a

Mientras tanto, voy a

"jubilación"; Miguel

entró a la oficina de

campaña fue todo un

especialmente con las

poco hasta desaparecer

trabajadores perderán su

expectativas y en el

—Otra vez en la

formaban entre los

acusada de 'mono'-polio.

haga nada. Imagínate las

palabras. Mi compañero,

para tanto. Piensa de

dejó caer. Los recuerdos

modorra. Caminamos con

tu escala de valores!

nada para ti la amistad?

importantes del país, en

personaje muy popular en

sollozando. Bien,

lágrimas las sentía al

comentarios de los bellos

zancadas, carrera y

importancia al explosivo

hacía algunas semanas

Ejercicio terminado satisfactoriamente   **Sí**   **No**

(Marca el que corresponda)

NOTA. Para practicar, puedes utilizar una herramienta de mucha utilidad: el directorio telefónico. Ábrelo al azar, toma una tarjeta o regla y piensa en un nombre, el que tú quieras: María, Jorge, Ana o Juan. Ahora, iniciando en la parte superior de cualquiera de las columnas de nombres, ubica la tarjeta o regla justo debajo del primero, como si lo fueras a subrayar. Una vez allí, empieza a bajarla y detente cada vez que encuentres el nombre que escogiste. Hazlo lentamente las primeras veces y ve aumentando la velocidad poco a poco. Al terminar cada columna verifica con detenimiento cuántos te saltaste. Mientras pases por alto uno solo, mantén la misma velocidad. Auméntala sólo cuando tu porcentaje de aciertos sea del cien por ciento. Con práctica, estarás recorriendo cada página en su totalidad en pocos segundos sin haber omitido un solo nombre.

22. Comprensión global en columnas

En este ejercicio se pondrán en práctica las técnicas de lectura veloz para comprender un texto presentado en forma de columnas. Recuerda: MIRA LAS FRASES, NO LEAS LAS PALABRAS. Hazlo lo más rápido que puedas. Si al final no entendiste el texto, repítelo un poco más despacio.

"Metamorfosis"
por Franz Kafka (Fragmento)

Al despertar Gregorio Samsa una mañana, tras un sueño intranquilo, encontróse en su cama convertido en un monstruoso insecto. Hallábase echado sobre su duro caparazón de su espalda, y, al alzar un poco la cabeza, vio la figura convexa de su vientre oscuro surcado por curvadas callosidades, cuya prominencia apenas si podía aguantar la colcha, que estaba visiblemente a punto de escurrirse hasta el suelo.

Innumerables patas, lamentablemente escuálidas en comparación con el grosor ordinario de sus piernas, ofrecían a sus ojos el espectáculo de una agitación sin consistencia. Gregorio dirigió luego la vista hacia la ventana; el tiempo nublado (sentía repiquetear en el cinc las gotas de lluvia) infundióle una gran melancolía.

—¿Qué me ha sucedido?

No soñaba, no. Su habitación, una habitación de verdad, aunque excesivamente reducida, aparecía como de ordinario entre sus cuatro harto conocidas paredes. Presidiendo la mesa, sobre la cual estaba esparcido un muestrario de paños —Samsa era viajante de comercio—, colgaba una estampa ha poco recortada de una revista ilustrada y puesta en un lindo marco dorado.

Representaba esta estampa una señora tocada con un gorro de pieles, envuelta en una boa también de pieles, y que, muy erguida, esgrimía

contra el espectador un amplio
manguito, asimismo de piel, dentro del
cual desaparecía su antebrazo.

Resumen del alumno: _____
_____
_____
_____

23 Vocabulario

Escribe después de cada palabra su significado. Haz uso de cualquier diccionario o material especializado.

a. Lívido _____
_____
_____

b. Magnificar _____
_____
_____

c. Mandatario _____
_____
_____

d. Mantener _____
_____
_____

e. Monarca _____
_____
_____

f. Motivación _____
_____
_____

g. Obsoleto _____
_____
_____

h. Ordenar _____
_____
_____

i. Ostentar_____
_____
_____

j. Paquete _____
_____
_____

24. Ejercicio de memoria

a. Anota la hora en el espacio asignado y empieza a leer el texto que sigue. Al terminar, tápalo con un papel, y continúa con la parte *b*.

| Inicio | Hora | Minutos | Segundos |

"La vida inútil de Pito Pérez"
(Fragmento)
por José Rubén Romero

—Por qué le dicen Pito Pérez? Créame usted que aún no me entero.

—Este apodo no tiene la malicia que las gentes imaginan, y va usted a saber su origen: Como todos los niños pobres, yo no tuve juguetes costosos ni diversiones presumidas. Mi madre me tenía muy sujeto y no me dejaba salir a la calle por miedo de que me perdiera, en el recto sentido de la palabra. ¡Mire usted que si la pobre levantara ahora la cabeza! Así es que, relegado en el corral de mi casa, pasaba los días riñiendo con mis hermanas, o haciendo pequeños hornos de tierra en los que cocía panes de lodo. Mis manos fabricaban con mucha habilidad chilindrinas rociadas de arena, roscas de barro, empanadas rellenas de pasojo, que a Concha mi hermana tocábale consumir so pena de acusarla con mi madre de ciertos coqueteos con el hijo de don Zenón, el sordo. Dediqué mis largos ocios a labrar con navaja un pito de carrizo, al que, a fuerza de paciencia y de saliva, logré arrancarle primero unas notas destempladas, y después de muchos trabajos, las canciones en boga por aquellos rumbos. Se desesperaban los vecinos escuchando mis

largos conciertos de
trémolos, arpegios,
fermatas y trinos; tenían
pito para levantarse, pito
para comer y pito para la
hora de acostarse, a tal
extremo, que protestaban y
gritaban pidiendo
misericordia:

"—¡Doña Herlinda, asilencie
ese pito!"
"—¡Que se calle ese pito!"

Y Pito me pusieron de
apodo, sin que me hayan
lastimado con el
sobrenombre.

b. Todas las frases numeradas que aparecen a continuación pertenecen al texto que acabas de leer. Escribe debajo, en el espacio asignado, los números de dichas frases en la secuencia que al final te guíe para leer las frases en el orden correcto. Recuerda que cuentan tanto el título y el autor, como las líneas en blanco. Anota la hora al terminar.

NOTA. Te recomiendo no revisar el texto completo una vez que termines de leerlo, pero si lo hicieras, súmale un minuto cada vez.

1. logré arrancarle primero
2. Pérez? Créame usted que aún
3. después de muchos trabajos,
4. al que, a fuerza de
5. "—¡Que se calle ese pito!"
6. <LÍNEA EN BLANCO>
7. Y Pito me pusieron de
8. desesperaban los
9. diversiones presumidas. Mi
10. Romero
11. misericordia:
12. saber su origen: Como todos

13. ese pito!"
14. "—¡Doña Herlinda, asilencie
15. <LÍNEA EN BLANCO>
16. <LÍNEA EN BLANCO>
17. <LÍNEA EN BLANCO>
18. en los que cocía panes de
19. largos ocios a labrar con
20. largos conciertos de
21. el sordo. Dediqué mis
22. trémolos, arpegios,
23. apodo, sin que me hayan
24. levantara ahora la cabeza!

25. vecinos escuchando mis
26. los niños pobres, yo no
27. empanadas rellenas de
28. con mucha habilidad
29. aquellos rumbos. Se
30. pasojo, que a Concha mi
31. navaja un pito de carrizo,
32. chilindrinas rociadas de
33. imaginan, y va usted a
34. lastimado con el
35. perdiera, en el recto
36. sentido de la palabra.
37. pequeños hornos de tierra
38. Así es que, relegado en el
39. sobrenombre.
40. paciencia y de saliva,
41. so pena de acusarla con mi
42. extremo, que protestaban y
43. con el hijo de don Zenón,
44. ¡Mire usted que si la pobre
45. calle por miedo de que me
46. madre me tenía muy sujeto y
47. no me entero.
48. no me dejaba salir a la
49. madre de ciertos coqueteos
50. —Este apodo no tiene la
51. los días riñiendo con mis
52. malicia que las gentes
53. las canciones en boga por
54. fermatas y trinos; tenían
55. hermanas, o haciendo
56. hermana tocábale consumir
57. corral de mi casa, pasaba
58. <LÍNEA EN BLANCO>
59. <LÍNEA EN BLANCO>
60. gritaban pidiendo
61. arena, roscas de barro,
62. PÉREZ" por José Rubén
63. "LA VIDA INÚTIL DE PITO
64. lodo. Mis manos fabricaban
65. —Por qué le dicen Pito
66. pito para levantarse, pito
67. unas notas destempladas, y
68. tuve juguetes costosos ni
69. hora de acostarse, a tal
70. para comer y pito para la

| Final | Hora | Minutos | Segundos |

Números de las frases en orden: _____
_____
_____
_____
_____

Ejercicios

Nota 1. Al escribir el número correspondiente a una <LÍNEA EN BLANCO>, en su lugar deben utilizarse las letras: LB.

Nota 2. Consulta después los números correctos en el Apéndice I para conocer el número de aciertos.

Factor de acomodo

Aciertos ____ + Palabras del texto 262 = ____

Cálculo 1 (segundos)

Hora (inicial)		×	3600	=	
Minutos (inicial)		×	60	=	
			Segundos (inicial)		
			Suma		

Cálculo 2 (segundos)

Hora (final)		×	3600	=	
Minutos (final)		×	60	=	
			Segundos (final)		
			Suma		

Cálculo 3 (segundos)

Suma cálculo 2 ____ − Suma cálculo 1 ____ = ____

Cálculo 4 / Velocidad (palabras por minuto)

Palabras del texto 262 × 60 = ____ ÷ Cálculo 3 = ____

Velocidad combinada de acomodo		(palabras por minuto)
Velocidad	× Factor de acomodo	=

NOTA. Para practicar, toma un periódico y escoge un artículo cualquiera, traza una línea vertical que divida a cada columna en dos. Entonces, lee cada renglón moviendo los ojos de arriba hacia abajo, rítmicamente, uno por uno, sin separar la vista de esa línea.

25 Evaluación de lectura

a. Velocidad

Lee el siguiente texto en silencio. Anota la hora al empezar y al terminar tal y como se indica en las instrucciones. Efectúa luego los cálculos que se indican para obtener tu velocidad expresada en Palabras por Minuto.

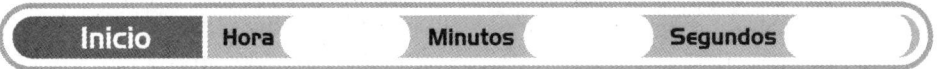

"Macario"
(Fragmento)
por Juan Rulfo

Estoy sentado junto a la alcantarilla aguardando a que salgan las ranas. Anoche, mientras estábamos cenando, comenzaron a armar el gran alboroto y no pararon de cantar hasta que amaneció. Mi madrina también dice eso: que la gritería de las ranas le espantó el sueño. Y ahora ella bien quisiera dormir. Por eso me mandó a que me sentara aquí, junto a la alcantarilla, y me pusiera con una tabla en la mano para que cuanta rana saliera a pegar de brincos afuera, la apalcuachara a tablazos... Las ranas son verdes de todo a todo, menos en la panza. Los sapos son negros. También los ojos de mi madrina son negros. Las ranas son buenas para hacer de comer con ellas. Los sapos no se comen; pero yo me los he comido también, aunque no se coman, y saben igual que las ranas. Felipa es la que dice que es malo comer sapos.

Felipa tiene los ojos verdes como los ojos de los gatos. Ella es la que me da de comer en la cocina cada vez que me toca comer. Ella no quiere que yo perjudique a las ranas. Pero, a todo esto, es mi madrina la que me manda hacer las cosas...

Yo quiero más a Felipa que a mi madrina. Pero es mi madrina la que saca el dinero de su bolsa para que Felipa compre todo lo de la comedera. Felipa sólo se está en la cocina arreglando la comida de los tres. No hace otra cosa desde que yo la conozco. Lo de lavar los trastes a mí me toca. Lo de acarrear leña para prender el fogón también a mí me toca. Luego es mi madrina la que nos reparte la comida. Después de comer ella, hace con sus manos dos montoncitos, uno para Felipa y otro para mí. Pero a veces Felipa no tiene ganas de comer y entonces son para mí los dos montoncitos.

Por eso quiero yo a Felipa, porque yo siempre tengo hambre y no me lleno nunca, ni aun comiéndome la comida de ella. Aunque digan que uno se llena comiendo, yo sé bien que no me lleno por más que coma todo lo que me den. Y Felipa también sabe eso...

Dicen en la calle que yo estoy loco porque jamás se me acaba el hambre. Mi madrina ha oído que eso dicen. Yo no lo he oído. Mi madrina no me deja salir solo a la calle. Cuando me saca a dar la vuelta es para llevarme a la iglesia a oír misa. Allí me acomoda cerquita de ella y me amarra las manos con las barbas de su rebozo. Yo no sé por qué me amarrará mis manos; pero dice que porque dizque luego hago locuras. Un día inventaron que yo andaba ahorcando a alguien; que le apreté el pescuezo a una señora nada más por nomás. Yo no me acuerdo. Pero, a todo esto, es mi madrina la que dice lo que yo hago y ella nunca anda con mentiras.

Cuando me llama a comer, es para darme mi parte de comida, y no como otra gente que me invitaba a comer con ellos y luego que me les acercaba me apedreaban hasta hacerme correr sin comida ni nada. No, mi madrina me trata bien. Por eso estoy contento en su casa. Además, aquí vive Felipa. Felipa es muy buena conmigo. Por eso la quiero.

Final	Hora	Minutos	Segundos

Cálculo 1					(segundos)
Hora (inicial)		×	3600	=	
Minutos (inicial)		×	60	=	
			Segundos (inicial)		
				Suma	

Cálculo 2					(segundos)
Hora (final)		×	3600	=	
Minutos (final)		×	60	=	
			Segundos (final)		
				Suma	

Cálculo 3				(segundos)
Suma cálculo 2		− Suma cálculo 1	=	

Cálculo 4 / Velocidad						(palabras por minuto)
Palabras del texto	574	× 60 =		÷ Cálculo 3 =		

b. Asimilación

Anota en el espacio asignado, debajo de las frases que siguen, cuáles de ellas pertenecen al texto que acabas de leer. Será importante para conocer tu nivel real que no vuelvas a consultarlo hasta que hayas terminado:

1. ligeros»..), en Time
2. resumiría esta idea
3. Estoy sentado junto a la
4. emblemática. Dedicada al
5. los editores, la persona
6. alboroto y no pararon de
7. que el título de portada se
8. hipérbatos, («de este
9. recursos homéricos de «La
10. periodístico iniciado por
11. Año», esto es, a juicio de
12. editores de los semanarios
13. portadas constituyen
14. alcantarilla, y me pusiera
15. epítetos o las frases
16. aplicarse la máxima de que
17. a todo, menos en la panza.
18. verdadera historia
19. atribuírsele el mérito del
20. en Homero tenían una
21. advertir Hadden y Luce que
22. Recorrer la colección de
23. También, aunque no se coman,
24. diciendo que su semanario
25. un fondo, ¿de qué color?,
26. 1991, por ejemplo,
27. Ella es la que me da de comer
28. más importante, las
29. —casi por casualidad— a
30. bosquejo de la historia». A
31. seleccionan también su
32. Time produce la impresión
33. al aviador Lindbergh por
34. Yo quiero más a Felipa que
35. representativa de la época.
36. comida de los tres. No hace
37. Time. Un estilo en buena
38. 1% de inspiración y un 99%
39. parte inspirado en los
40. más influyente o destacada
41. tema del «mal», esta
42. subtítulo plantea: ¿Existe
43. acarrear leña para prender el
44. para ello. Pero también es
45. estilo literario de Time. Y
46. semanario», Newsweek,
47. siglo visto desde un ángulo
48. estoy loco porque jamás se me
49. modo, sin esfuerzo alguno,
50. los genios se hacen con un

EJERCICIOS

Números asignados a las frases que pertenecen al texto: _____
_____
_____
_____

> **NOTA.** Consulta después los números correctos en el Apéndice I para conocer el número de aciertos.

Número de aciertos [   ]

Factor de asimilación
Cantidad de aciertos [   ] + 100 = [   ]

Velocidad combinada (palabras por minuto)
Velocidad [   ] × Factor de asimilación [   ] = [   ]

26 Ejercicios de coordinación visual horizontal

Este ejercicio tiene por objetivo fortalecer la coordinación visual horizontal. Sin utilizar el dedo como guía, ni algún otro aditamento, cuenta el número de letras "p" y el de "q" que hay en cada línea. Al terminar llena los espacios que se abren a continuación.

1. ppqppqpqpqppqppqpppqpppqqqpqpppqqqpqpqpqppppppppqqqqqqqppqpqpqpq

2. ppppppppqqqqqqqqqqqqqqpppqpppqqqpppqqqqppqppqpqpqpqppqqpppqp

3. pppqppqpqqqpqpqppqqqpqpppqppqpqpppppppqppqqpqpqpqppqpqpqppqpqppq

4. qqqpppqpqpqppqpqqqpqpqpqpqpqpppqqqqqqpqqqpppqqqpqpqqqqpppqpqpppqp

5. ppqpppqppqpppqpppqpppqpppppppqpppqpppqppppppppqqqqqqqqpppqpppqpppq

        Línea 1: No. de "p" _____   No. de "q" _____
        Línea 2: No. de "p" _____   No. de "q" _____
        Línea 3: No. de "p" _____   No. de "q" _____
        Línea 4: No. de "p" _____   No. de "q" _____
        Línea 5: No. de "p" _____   No. de "q" _____

NOTA. Toma un descanso de 10 minutos si tienes la vista cansada.

Ejercicios

㉗ Ampliación del rango visual en página completa ●●●●●●●●●●●●●●●●●●●●●

Este ejercicio es muy parecido al equivalente en columnas. La única diferencia será la secuencia de lectura. Ahora nuestra vista deberá moverse por los bloques de izquierda a derecha y de arriba abajo. Toma en cuenta que los bloques en este ejercicio serán más anchos que en los anteriores.

$\quad\quad\quad\quad$ * $\quad\quad\quad\quad\quad\quad\quad\quad\quad$ *
D85759323948P85593023948E $\quad$ N304958671358V305867163758K

$\quad\quad\quad\quad$ * $\quad\quad\quad\quad\quad\quad\quad\quad\quad\quad$ *
N72993785753E72937857593D $\quad$ D573829101087Q572910102827G

$\quad\quad\quad\quad$ * $\quad\quad\quad\quad\quad\quad\quad\quad\quad\quad$ *
G55738291010J57578291010L $\quad\quad$ L293049586717P230958671637Q

$\quad\quad\quad\quad$ * $\quad\quad\quad\quad\quad\quad\quad\quad\quad\quad$ *
Q84876293045T84762930495U $\quad$ X163758913254C163491258354M

$\quad\quad\quad\quad$ * $\quad\quad\quad\quad\quad\quad\quad\quad\quad\quad$ *
C38487629349D38876293049J $\quad\quad$ Z302394857582S303485757382A

Ejercicio terminado satisfactoriamente $\quad$ **Sí** $\quad$ **No**

(Marca el que corresponda)

28 Comprensión instantánea de bloques de palabras en página completa ●●●●●●●●●●●

Este ejercicio es igual al que hicieron en el de columnas, pero, como lo mencionamos, la secuencia de lectura variará. Ahora será de izquierda a derecha y de arriba hacia abajo.

contener su ira —el empleado
nuestro principal objetivo es
la casa estaba en un estado
y con ello debemos decir
sumado, y usted quiere que
pero como usted sabe, no
humanas como nosotros y,
equivocarse. Le voy a decir
las nuestras para que no sea
apoyando sus manos sobre
sistema financiero del mundo
responder: —No tanto por lo
mandar yo a usted si no sé
la oficina del director. A no
permitir que se le cayera
injusticia. Era obvio que la
que pelearse con una mujer
que por sus deseos de ir a
mejor desarrollando las
metido entre cables, viendo
que sentado en esa silla
aburridas juntas en las que

dijo el director con una pluma
un gran esfuerzo por sentir a
estado de cuenta de que le
cliente estaba mal informado
que con toda calma le dijo
las computadoras son tan
como tal, pueden saber lo
recomendamos unir todos
Hizo una pausa, se y se fue
el escritorio e inició lo que a
equivocarse? Yo le voy a dar
lejos como lo voy a utilizar
decir, ya gritando. Pero no
amigos y no iba a decir lo
cometiera semejante error
despedir a Roberto antes
empresa transnacional.
escalar posiciones. En el
programas o resolviendo el
circuitos y monitores, o sea
interminables y que nunca
que trataban temas que él

Ejercicio terminado satisfactoriamente   Sí   No

(Marca el que corresponda)

29 Comprensión global en página completa ●●●●●●

En este ejercicio pondremos en práctica la lectura veloz para asimilar textos escritos en página completa como: libros, manuales, documentos, etcétera. Como ayuda se ha dividido cada línea en dos, separándola con diagonales, incluyendo arriba de cada una, la secuencia que deberás seguir. Lee el texto fijando tu vista sólo en los números que vienen arriba de cada bloque.

"Adiós Federico"
por Eduardo Rhó
(Fragmento)

___1___   ___2___
Adiós. Hermosa palabra cuando es uno el que la dice. / Adiós. Mundos nuevos, aires nuevos, sueños nuevos:
___3___   ___4___
libertad. Adiós. ¡Cómo es posible no recordarla! / Yo, que en mis años mozos la repetía cada mañana; yo, que
___5___   ___6___
ignoré amistades y amoríos, riquezas y nostalgias / sólo por mencionarla; yo, que en los caminos tenía mi casa,
___7___   ___8___
mi refugio, mi paraíso, mi campo de batalla, mi razón de ser; / yo, que siempre tuve al mundo por patria; sí, yo,
___9___   ___10___
el mismo yo, sumergido ahora entre estas cuatro montañas, / ignorado por todos, empapado de odios, curtido
___11___
de rabias; sí, yo Federico, ¡¿cómo pude olvidarla?! ...

Ejercicio terminado satisfactoriamente   Sí   No

(Marca el que corresponda)

30 Vocabulario

Escribe después de cada palabra su significado. Haz uso de cualquier diccionario o material especializado.

a. Paralelamente _____
_____
_____

b. Pastel _____
_____
_____

c. Pepenar _____
_____
_____

d. Permisividad _____
_____
_____

e. Postulante_____
_____
_____

f. Proclive _____
_____
_____

g. Pronunciamiento _____
_____
_____

h. Propiciar _____
_____
_____

i. Rango _____
_____
_____

j. Receso _____
_____
_____

31 Ejercicio de memoria

a. Anota la hora en el espacio asignado y empieza a leer el texto que sigue. Al terminar, tápalo con un papel, y continúa con la parte *b*.

| Inicio | Hora | Minutos | Segundos |

"La sentencia"
por Wu Ch'eng-en

Aquella noche, en la hora de la rata, el emperador soñó que había salido de su palacio y que en la oscuridad caminaba por el jardín, bajo los árboles en flor. Algo se arrodilló a sus pies y le pidió amparo. El emperador accedió; el suplicante dijo que era un dragón y que los astros le habían revelado que al día siguiente, antes de la caída de la noche, Wei Cheng, ministro del emperador, le cortaría la cabeza. En el sueño, el emperador juró protegerlo.

Al despertarse, el emperador preguntó por Wei Cheng. Le dijeron que no estaba en el palacio; el emperador lo mandó buscar y lo tuvo atareado el día entero para que no matara al dragón y hacia el atardecer le propuso que jugaran al ajedrez. La partida era larga, el ministro estaba cansado y se quedó dormido.

Un estruendo conmovió la tierra. Poco después irrumpieron dos capitanes, que traían una inmensa cabeza de dragón empapada en sangre. La arrojaron a los pies del emperador y gritaron:

—Cayó del cielo.

Wei Cheng, que había despertado, lo miró con perplejidad y observó:

—Qué raro, yo soñé que mataba a un dragón así.

Ejercicios

b. Todas las frases numeradas que aparecen a continuación pertenecen al texto que acabas de leer. Escribe debajo, en el espacio asignado, los números de dichas frases en la secuencia que al final te guíe para leer las frases en el orden correcto. Recuerda que cuentan tanto el título y el autor, como las líneas en blanco. Anota la hora al terminar.

> **Nota.** Te recomiendo que no revises el texto completo una vez que termines de leerlo, pero si lo hicieras, súmale un minuto cada vez.

1. dragón así.
2. quedó dormido.
3. —Cayó del cielo.
4. cabeza de dragón empapada en
5. preguntó por Wei Cheng. Le dijeron
6. capitanes, que traían una inmensa
7. Un estruendo conmovió la tierra.
8. antes de la caída de la noche, Wei
9. amparo. El emperador accedió; el
10. oscuridad caminaba por el jardín,
11. sangre. La arrojaron a los pies
12. emperador lo mandó buscar y lo
13. <LÍNEA EN BLANCO>
14. <LÍNEA EN BLANCO>
15. que no matara al dragón y hacia el
16. que no estaba en el palacio; el
17. el emperador juró protegerlo.
18. Aquella noche, en la hora de la
19. revelado que al día siguiente,
20. al ajedrez. La partida era larga,
21. lo miró con perplejidad y observó:
22. <LÍNEA EN BLANCO>
23. <LÍNEA EN BLANCO>
24. <LÍNEA EN BLANCO>
25. el ministro estaba cansado y se
26. suplicante dijo que era un dragón
27. Cheng, ministro del emperador, le
28. Al despertarse, el emperador
29. del emperador y gritaron:
30. y que los astros le habían
31. salido de su palacio y que en la
32. arrodilló a sus pies y le pidió
33. atardecer le propuso que jugaran
34. cortaría la cabeza. En el sueño,
35. <LÍNEA EN BLANCO>
36. <LÍNEA EN BLANCO>
37. por Wu Ch'eng-en
38. "LA SENTENCIA"
39. Wei Cheng, que había despertado,
40. rata, el emperador soñó que había
41. —Que raro, yo soñé que mataba a un
42. bajo los árboles en flor. Algo se
43. Poco después irrumpieron dos
44. tuvo atareado el día entero para

Final	Hora	Minutos	Segundos

Números de las frases en orden: _____
_____
_____
_____

NOTA 1. Al escribir el número correspondiente a una <LÍNEA EN BLANCO>, en su lugar deben utilizarse las letras: LB.

NOTA 2. Consulta después los números correctos en el Apéndice I para conocer el número de aciertos.

Factor de acomodo

Aciertos		+ Palabras del texto	199	=	

Cálculo 1 (segundos)

Hora (inicial)		×	3600	=	
Minutos (inicial)		×	60	=	
			Segundos (inicial)		
				Suma	

Cálculo 2 (segundos)

Hora (final)		×	3600	=	
Minutos (final)		×	60	=	
			Segundos (final)		
				Suma	

Cálculo 3 (segundos)
Suma cálculo 2   − Suma cálculo 1   =

Cálculo 4 / Velocidad (palabras por minuto)
Palabras del texto   199   × 60 =   ÷ Cálculo 3 =

Velocidad combinada de acomodo (palabras por minuto)
Velocidad   × Factor de acomodo   =

32 Evaluación final

a. Velocidad

Lee el siguiente texto en silencio. Anota la hora al empezar y al terminar tal y como se indica en las instrucciones. Efectúa luego los cálculos que se indican para obtener tu velocidad expresada en Palabras por Minuto.

| Inicio | Hora | Minutos | Segundos |

"El Principito"
(Fragmento)
por Antoine de Saint-Exupéry

Viví así, solo, sin nadie con quien conversar verdaderamente, hasta que tuve una avería en el desierto de Sahara, hace seis años. Algo se había roto en el motor de mi avión. Y como no tenía conmigo ni mecánico ni pasajeros, me dispuse a intentar, completamente solo, una difícil reparación. Era para mí una cuestión de vida o muerte. Tenía agua apenas para ocho días. La primera noche me dormí sobre la arena, a mil millas de toda tierra habitada. Estaba más aislado que un náufrago sobre una balsa en medio del océano. Imagínense, pues, mi sorpresa cuando, al amanecer, me despertó una graciosa vocecita que decía:

—Por favor... ¡dibújame una oveja!

—¡Eh!

—Dibújame una oveja...

Salté sobre mis pies como si hubiera sido alcanzado por un rayo. Me froté bien los ojos. Miré bien. Y vi a un caballerito extraordinario que me observaba seriamente. He aquí el mejor retrato que, más tarde, logré hacer de él. Pero mi dibujo, claro está, es mucho menos maravilloso que el modelo. No es culpa mía. Fui separado de mi carrera de pintor por las personas mayores cuando tenía seis años, y nada había aprendido a pintar, salvo boas cerradas y boas abiertas.

Miré aquella aparición con los ojos redondos de sorpresa. No olviden que me encontraba a mil millas de toda región habitada. Además, mi caballerito no me parecía ni extraviado, ni muerto de fatiga, ni muerto de hambre, ni muerto de sed, ni muerto de miedo. No tenía en nada la apariencia de un niño perdido en medio del desierto, a mil millas de toda región habitada. Cuando, al fin, logré hablar, le dije:

—Pero... ¿qué haces aquí?

Y me repitió entonces muy dulcemente, como una cosa muy seria:

—Por favor, dibújame una oveja...

Cuando el misterio es demasiado impresionante, no es posible desobedecer. Aunque me pareciera absurdo, a mil millas de todo lugar habitado y en peligro de muerte, saqué de mi bolsillo una hoja de papel y una pluma. Pero en ese momento recordé que yo había estudiado sobre todo geografía, historia, cálculo y gramática, y (ya un poco malhumorado) le dije al caballerito que no sabía dibujar. Me respondió:

—No importa. Dibújame una oveja.

Como nunca había dibujado una oveja, rehíce para él uno de los dos únicos dibujos que yo era capaz de hacer. El de la boa cerrada. Me quedé maravillado cuando oí que el caballerito me respondió:

—¡No! ¡No! No quiero un elefante dentro de una boa. Una boa es muy peligrosa y un elefante es muy grande. En mi casa todo es pequeño. Yo necesito una oveja. Dibújame una oveja.

Dibujé nuevamente.

Él miró atentamente, después:

—No, esa ya está muy enferma, Haz otra.

Volví a dibujar.

Mi amigo sonrió gentilmente, con indulgencia.

—Mira bien... No es una oveja, es un carnero. Tiene cuernos. . .

Rehíce otra vez mi dibujo. Pero lo rechazó como los anteriores:

—Esta es muy vieja. Quiero una oveja que viva mucho tiempo.

Impaciente ya, porque tenía necesidad de comenzar a desmontar mi motor, garabateé este dibujo:

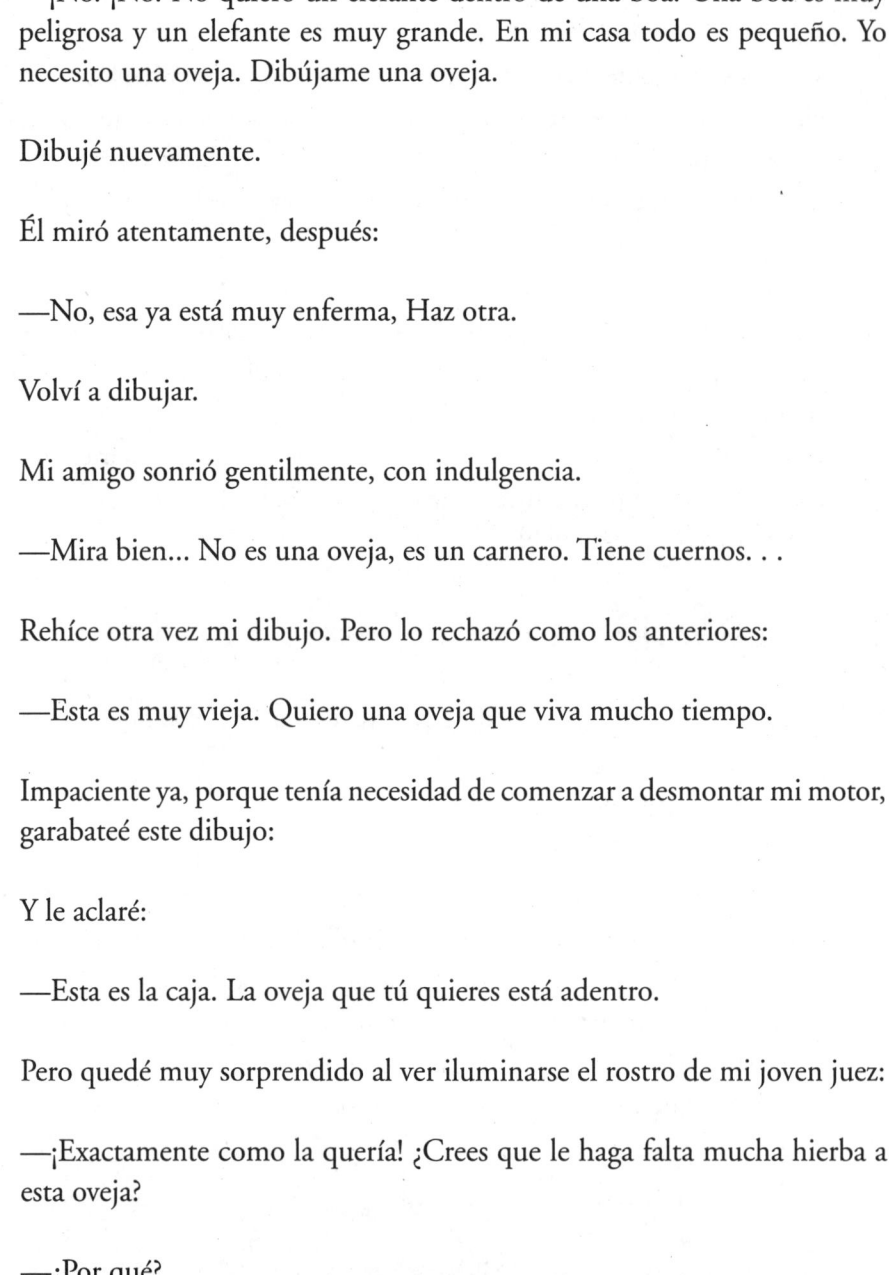

Y le aclaré:

—Esta es la caja. La oveja que tú quieres está adentro.

Pero quedé muy sorprendido al ver iluminarse el rostro de mi joven juez:

—¡Exactamente como la quería! ¿Crees que le haga falta mucha hierba a esta oveja?

—¿Por qué?

—Porque en mi casa todo es pequeño...

EJERCICIOS

—Seguramente alcanzará. Te he regalado una oveja pequeñita.

Inclinó la cabeza sobre el dibujo:

—No tan pequeña como esa... ¡mira! Se ha dormido...

Y fue así como conocí al pequeño príncipe.

Final	Hora	Minutos	Segundos

Cálculo 1						(segundos)
Hora (inicial)		×	3600	=		
Minutos (inicial)		×	60	=		
			Segundos (inicial)			
				Suma		

Cálculo 2						(segundos)
Hora (final)		×	3600	=		
Minutos (final)		×	60	=		
			Segundos (final)			
				Suma		

Cálculo 3				(segundos)
Suma cálculo 2	−	Suma cálculo 1	=	

Cálculo 4 / Velocidad						(palabras por minuto)
Palabras del texto	596	× 60 =		÷ Cálculo 3 =		

b. Asimilación

Anota en el espacio asignado, debajo de las frases que siguen, cuáles de ellas pertenecen al texto que acabas de leer. Será importante para conocer tu nivel real, que no vuelvas a consultarlo hasta que hayas terminado:

1. radio sacudió a los periódicos.
2. en colocar más noticias en la
3. mi avión. Y como no tenía conmigo
4. Estados Unidos, parten de la idea
5. medio de comunicación. Más aún, de
6. dólares prestados. Aunque Time
7. interpretar cualquier detalle de lo
8. habitada. Estaba más aislado que un
9. colabora Britt Hadden. La
10. ganando tan sólo 16 en el Chicago
11. coincidió: ese era el título. En
12. titular Facts. Una noche, sin
13. acostumbrados. Hadden y Luce
14. Salté sobre mis pies como si hubiera
15. entre palabra y palabra, grandes
16. de Time, aparecido con fecha 3 de
17. para concentrarse en el
18. desviarse hacia el primer estímulo
19. hacer de él. Pero mi dibujo, claro
20. una revista que Luce piensa
21. Daily News, pero renuncia para
22. cuadros o mapas y explicar la
23. Como nunca había dibujado una oveja,
24. distracción y aumentado las
25. colegas de los diarios, los
26. Me quedé maravillado cuando oí
27. «semanario noticioso» que —como
28. familiares consiguieron 80,000
29. frescas, pero sí podía
30. Un día supe que saberlo
31. aprendió a relacionar una cierta
32. Aun visto con ojos actuales, ese
33. Hadden obtiene el premio Phi Beta
34. inventaron una original fórmula
35. Los vespertinos empezaron a
36. aquello; transformarlo en un
37. de regreso en Estados Unidos,
38. se encargarán de relacionarlo con
39. un elefante es muy grande. En mi
40. teletipo al micrófono y de este a
41. relación directa entre la imagen y
42. Impaciente ya, porque tenía necesidad
43. adaptarse a los nuevos vientos.
44. pensar con ella. El primer número
45. podía competir contra los diarios
46. lenguaje periodístico universal y
47. tenían experiencia en revistas;
48. iluminarse el rostro de mi joven juez:
49. con los usuarios, permitiéndoles
50. su novedosa fórmula, más que un

Números asignados a las frases que pertenecen al texto: _____

_____
_____
_____
_____

> **NOTA.** Consulta después los números correctos en el Apéndice I para conocer el número de aciertos.

Factor de asimilación
| Cantidad de aciertos | | + 100 = | |

Velocidad combinada (palabras por minuto)
| Velocidad | × Factor de asimilación | = |

Recomendaciones finales

1. Practica todo lo que puedas. Trata de aplicar estas técnicas en cualquier texto que llegue a tus manos. Sólo así lograrás la velocidad de lectura y el nivel de asimilación que estés buscando.
2. Empieza con textos sencillos en cuanto a tema y estilo, para aumentar de complejidad poco a poco.
3. Al leer por bloques no te detengas, aun cuando no hubieras entendido el texto. Si por ello este perdió su sentido, repite la lectura en su totalidad.
4. Mantén un mismo ritmo de lectura. Tus ojos deberán moverse de bloque en bloque en periodos similares. Si sientes que no entendiste el texto en su totalidad, disminúyelo, pero si no, auméntalo. La única manera de avanzar es forzando a tu mente. Trata siempre de mantenerte en el límite de tu velocidad y tu comprensión.

Prácticas del curso

A continuación le presentamos el texto: *El español y la globalización*, con el fin de utilizarlo para practicar las técnicas de lectura rápida aprendidas en este libro. Para un mejor aprovechamiento le recomendamos seguir estos pasos:

1. Lea con atención la Introducción al tema. Esto le servirá para enterarse de qué se trata y le ayudará a comprender mejor los capítulos siguientes.
2. Del Capítulo I al V proceda de la siguiente forma:

   - Anote en el espacio abierto debajo del título la hora en que empiece a leer.
   - Utilice la lectura por bloques para leer todo el capítulo. Hágalo a la mayor velocidad posible sin sacrificar la comprensión. Al terminar anote la hora.
   - Calcule la diferencia entre la hora de inicio y la final. Utilice el resultado en la fórmula para conocer las palabras por minuto (P.P.M.).
   - Responda el cuestionario que sigue a cada capítulo. Marque con una "X" la opción que, de acuerdo a su criterio, corresponda a la pregunta planteada. Busque la respuesta sólo en su memoria. NO CONSULTE EL TEXTO.
   - Al terminar, vaya al Apéndice II y busque las respuestas. Llene el número de aciertos en el espacio correspondiente dentro de la fórmula, debajo del texto.
   - Calcule su velocidad combinada (velocidad con comprensión) para cada capítulo.

El español y la globalización
Por Eduardo Rhó

> *"La eñe también es gente"*
> (María Elena Walsh)

Introducción

Lo hacemos tanto de pie como acostados, despiertos y hasta dormidos, solos y acompañados, de día y de noche, unos poco y otros mucho, en la privacidad de una habitación o en grandes auditorios, por necesidad, por diversión o por profesión: hablar. Empezamos a hacerlo antes de tener conciencia y con los años se convierte en la base de nuestra supervivencia, pero a pesar de ello difícilmente reflexionamos sobre la importancia de hacerlo con propiedad. Tal vez para la mayoría es suficiente con hacerse entender y cualquier regla gramatical existe sólo para complicar la comunicación, pero si eso fuera válido, y lo lleváramos al extremo de las consecuencias, cada familia tendría su propio dialecto y fuera de ese contexto nadie se entendería. Las leyes existen no por capricho, sino por la propia naturaleza del ámbito en que se adoptan; violarlas jamás será la solución, y eso aplica tanto a nivel natural y cívico como lingüístico.

Sabemos que los idiomas son entes vivos, que están en constante evolución y que todos, de una forma u otra, hemos contribuido a ello, pero debemos tener muy en cuenta los límites. Los cambios tecnológicos y la globalización, que ya hace años pasó de ser un fenómeno económico para establecerse en lo social, presionan permanentemente a las distintas lenguas para aceptar nuevos términos (muchos son incorporados a los diccionarios oficiales año con año), pero será labor de los expertos actuar con inteligencia para mantener un equilibrio adecuado. La adaptación al cambio es un elemento fundamental en toda evolución, pero debe evaluarse con cuidado si ese cambio es un factor de supervivencia o no. Una política demasiado laxa en este sentido pondría en grave riesgo no sólo el fundamento de un idioma, que es la comunicación entre las personas, sino además un aspecto inherente a su origen, que es la identidad, y eso para cualquier sociedad sería muy peligroso.

Como dijo Víctor García de la Concha, director de la Real Academia Española y presidente de la Asociación de Academias de la Lengua Española en una entrevista concedida al diario La Nación, de Argentina, el 23 de octubre del 2003:

"Lo enriquecemos cuando leemos, cuando escribimos, cuando reflexionamos. Es necesario volver a aquellos ejercicios que se hacían en la escuela, de leer en voz alta, de escribir. El dominio lingüístico es una cuestión de identidad, de ser. Uno es más si tiene mayor dominio lingüístico. Uno es más libre, uno tiene mayor capacidad de comprensión del mundo, uno disfruta más de la vida. Nadie le robará a usted el ser persona si usted tiene la lengua. Sin personas lingüísticamente formadas no hay buen ciudadano posible. Un hombre que no está lingüísticamente formado está sometido, sin capacidad de discernir."

Es por ello que en estas líneas he querido plantear un ejercicio de reflexión sobre el tema. Nuestro idioma, el español, tiene más de 1,000 años de existencia y ningún otro posee una literatura tan rica. Es sencillo (cada letra representa un sonido) pero al mismo tiempo permite expresiones de extrema sutileza y precisión que no dependen del contexto para ser entendidas. Es un idioma de belleza fonética, con palabras agudas, graves, esdrújulas y sobreesdrújulas, generoso en sonidos naturales y amistoso al oído; se entiende conforme se va leyendo y no se tiene que llegar al final de la frase para saber de qué se trata o si se refiere a una afirmación o a una pregunta. Podríamos decir muchas cosas sobre nuestro idioma, pero más allá de sus virtudes, el idioma español tiene una característica que lo hace muy especial: es nuestro, y eso lo convierte en el más importante. Defenderlo es una cuestión de supervivencia cultural y económica, como veremos más adelante, pero también de orgullo.

En este texto expondré la problemática que aqueja a nuestro idioma, revisando sus orígenes y las causas que provocan la muerte de una lengua. Analizaremos los efectos de la globalización en los idiomas y la situación del español en Internet, así como su valor económico, y para terminar, expondré los pronósticos de los expertos y sugerencias para entrar en acción.

Estimado lector: no sería exagerado decir que el futuro de la lengua hispana está en nuestras manos, en las suyas y en las mías, y en las de cada quien que deteste leer en Internet la palabra: ESPANOL. Manos a la obra.

Prácticas del curso

I. Orígenes de la lengua española

"El mundo era tan reciente, que muchas cosas carecían de nombre, y para mencionarlas había que señalarlas con el dedo."
Gabriel García-Márquez (Cien años de soledad)

Hora inicial: _____

Los romanos conquistaron Hispania en el año 206 a.C. y desde entonces impusieron el latín como instrumento de comunicación.

El latín pertenece a las llamadas lenguas itálicas, las que a su vez pertenecían al indoeuropeo, origen de casi todas las lenguas que hoy se hablan en Europa:

- Lenguas célticas (irlandés, galés, escocés)
- Lenguas germánicas (gótico, alemán, inglés, holandés)
- Lenguas eslavas (ruso, polaco, checo, búlgaro, serbocroata)
- Lenguas escandinavas
- Griego, albanés y latín

Entre las que no pertenecen a este conjunto de lenguas se pueden mencionar: el etrusco, el finlandés, el lapón, el estoniano, el húngaro y el vascuence. Fuera de Europa pertenecen al tronco indoeuropeo las lenguas indias y el persa.

Existieron dos clases de latín: el culto y el vulgar. El primero era el que hablaba la gente con estudios; el otro era el que usaba el pueblo de Roma, que fue el que se impuso en las colonias. Cada territorio conquistado fue aportando diversos matices lo que, con el tiempo, dio lugar al surgimiento de las lenguas romances: español, francés, italiano, provenzal, catalán, gallego, portugués, retrorrománico, rumano y sardo.

Al caer el Imperio Romano, el contacto con Roma se cortó, lo que permitió al latín vulgar, que ya incluía aportaciones de cada zona, evolucionar con la mezcla de los grupos humanos que invadieron la Península Ibérica: visigodos, árabes, franceses, Etc.

Grupos germánicos: los suevos, vándalos y alanos, entraron al territorio de la actual España en el siglo III, pero fue en el año 409 d.C. que consolidaron la invasión. Los alanos fueron aniquilados a los pocos años; los vándalos permanecieron un poco más, aunque pronto se fueron al África; los suevos permanecieron más tiempo estableciéndose en la región de Asturias.

En el siglo VI llegaron los visigodos que se asentaron en la meseta castellana. Eran más civilizados que sus antecesores y transformaron las costumbres de los hispanorromanos, especialmente en derecho y en la conciencia de Hispania como unidad independiente, pero su influencia lingüística no fue mucha. El latín hablado al terminar la época visigoda podía considerarse como un dialecto del latín que dejaron los romanos.

En el siglo VIII los árabes invadieron España y toda la península cayó en manos de los musulmanes; sólo en el norte quedaron pequeños grupos hispánicos resistiendo. Para el año 950 dos terceras partes de la Península Ibérica están en poder de los árabes y florecían la agricultura, la industria, el comercio, las artes y las ciencias. En todo el territorio se hablaba árabe pero los hispanogodos conquistados seguían usando su romance primitivo.

Durante los siglos IX, X y XI el Romance siguió su evolución, como lo muestran documentos notariales de la época en los que ya aparecen palabras y construcciones propias.

En el siglo XI, Sancho el Mayor abre una nueva ruta de peregrinación a Santiago de Compostela y "francos" devotos acuden abundantemente, al grado de establecer ciudades a lo largo del camino. Es así que palabras de origen francés se introducen en el romance hispano.

La Reconquista de la Península Ibérica se dirigia al sur y en su avance los cristianos iban imponiendo los romances del norte; en el siglo XIII, el rey Alfonso X establecía el castellano como lengua oficial en el territorio que gobernaba. Después de largas luchas, finalmente el 2 de enero de 1492, Isabel y Fernando, reyes de Castilla y Aragón, acompañados de un nutrido séquito entraban en La Alhambra, en Granada, al sur de la actual España, donde les esperaba Boabdil, para hacerles entrega de las llaves de la ciudad, con lo que se consolida la Reconquista y toda la Península Ibérica queda en manos cristianas, lo que fue determinante para nuestro idioma. Fue esa circunstancia histórica la que se toma como punto de partida del español moderno dando fin al periodo medieval que se considera a partir del siglo X.

La influencia de los árabes en el español fue decisiva. En casi ocho siglos de permanencia en tierras hispánicas aportaron alrededor de 4,000 palabras, siendo puente para que se incorporaran, además, palabras del sánscrito, del persa y del griego.

En 1713 se fundó la Real Academia Española de la Lengua con la tarea de fijar el idioma y sancionar los cambios que los hablantes realizaron a lo largo de los siglos. Este hecho establece el inicio del periodo contemporáneo de nuestra lengua y las bases establecidas entonces siguen vigentes hoy en día.

Hora final: ....

Hora final – Hora inicial = ... minutos x 60 = ... segundos

$$\text{Velocidad} = \frac{731 \times 60}{\text{........ segundos}} = \text{........ palabras x minuto (P.P.M.)}$$

$$\text{Calificación} = \frac{\text{........ aciertos} \times 100}{10} = \text{........ \%}$$

$$\text{Velocidad combinada} = \frac{\text{Velocidad} \times \text{Calificación}}{100}$$

Cuestionario

1. ¿En qué año los romanos conquistaron Hispania?
   a. 384 a.C.
   b. 206 a.C.
   c. 210 a.C.
   d. 310
   e. 485

2. Marque una lengua europea que no pertenezca al grupo indoeuropeo:
   a. Escocés
   b. Alemán
   c. Inglés
   d. Húngaro
   e. Checo

3. ¿Cuál de las siguientes es una lengua romance?
   a. Ruso
   b. Griego
   c. Escandinavo
   d. Latín
   e. Francés

4. ¿Cuál de los siguientes fue un grupo germánico que invadió territorios de la actual España en el siglo III?
   a. Alanos
   b. Francos
   c. Hunos
   d. Godos
   e. Latinos

5. ¿Qué grupo llegó a la Península Ibérica en el siglo VI?
   a. Normandos
   b. Vikingos
   c. Visigodos
   d. Celtas
   e. Vándalos

6. ¿En qué siglo los árabes invaden España?
   a. Siglo I
   b. Siglo VII
   c. Siglo VIII
   d. Siglo X
   e. Siglo XII

7. ¿En qué fecha los Reyes Católicos entran en La Alambra para consolidar la Reconquista de la Península Ibérica?
   a. 12 de octubre de 1492
   b. 2 de enero de 1172
   c. 28 de febrero de 1501
   d. 2 de enero de 1492
   e. 3 de abril de 1592

8. ¿Cómo se llamó el rey árabe que entregó las llaves de la ciudad a los Reyes Católicos?
   a. Boabdil
   b. Mohamed I
   c. Alí Ben Al Azahar
   d. Mustafá II
   e. Califa IV

9. ¿En qué siglo empieza la etapa del español moderno?
   a. Siglo I
   b. Siglo III
   c. Siglo IV
   d. Siglo VIII
   e. Siglo X

10. ¿En qué año empieza la etapa del español contemporáneo?
    a. 1659
    b. 1710
    c. 1713
    d. 1811
    e. 1850

II. El valor económico del español

"El lenguaje no lo hace el poder, no lo hace la Academia, no lo hace la iglesia, no lo hacen los escritores. Lo hacen los cazadores, los pescadores, los campesinos, los caballeros, es el lenguaje del alba, es el lenguaje de la noche, hay que acudir a las bases donde se forma la lengua".
(Jorge Luis Borges)

Hora inicial: _____

El idioma español tiene en la actualidad un gran valor económico y un enorme potencial, pero debe fomentarse para que no disminuya, comentaron especialistas reunidos en Montevideo en octubre del 2006, en el marco del seminario "El valor económico del español: una empresa multinacional", auspiciado por la Fundación Telefónica y la Fundación Círculo de Montevideo en colaboración con la Secretaría General Iberoamericana.

Según los datos que maneja el Instituto Cervantes, el valor económico de nuestro idioma, como plataforma cultural y herramienta usada para los negocios, se calcula en un 15% del PIB español, un nivel similar al del turismo.

"El español es un enorme hecho cultural que ya tiene algunos siglos y que está en un momento de gran esplendor. Pero no es una parte del paisaje, es un hecho cultural que hay que cultivar, mantener, cuidar", dijo el escritor chileno Jorge Edwards.

Además de los 400 millones de personas en el mundo cuya lengua materna es el español, es ya la segunda más hablada en los Estados Unidos y en Brasil, país, este último, en donde se están formando más de 45,000 profesores para hacer frente a la obligatoriedad de enseñarlo en el ciclo educativo de secundaria.

En general la demanda de enseñanza del español en el mundo en términos comerciales ha crecido espectacularmente. Por ejemplo, las matrículas del Instituto Cervantes en los centros que tiene repartidos por el mundo crecieron de 81 700 en el curso 2002-2003 a 93 000 en el curso 2003-2004.

Pero no todas son buenas noticias. Su participación en Internet, eje de la llamada sociedad de la información, actual motor de la economía mundial, es mínima y en las áreas científicas y tecnológicas el español está lejos de ser el idioma de referencia.

"Debemos facilitar políticas de Estado y fijar metas de desarrollo", afirmó Daniel Filmus, ministro de Educación, Ciencia y Tecnología de Argentina, quien comentó sobre la labor realizada por Francia para fomentar el uso del francés en Internet. Hoy, hay más páginas en francés que en español, lo que es muy significativo tomando en cuenta que el número de personas que hablan francés como lengua materna es una quinta parte que las que hablan español.

"Es fundamental el papel del Estado para incentivar que se produzcan contenidos para colocar en la red; es necesario crear buscadores de contenidos en la red", agregó Filmus.

También comentó el ministro argentino que de nada sirve fomentar el uso del español en las relaciones económicas internacionales o en el intercambio científico si en las propias sociedades no se domina totalmente.

"Toda expansión del español tendrá pies de barro si no se logra el uso total de todos los ciudadanos. Hay aún 40 millones de analfabetos en la región", afirmó, y destacó la importancia de invertir en la educación como requisito previo a cualquier política de fomento del idioma español.

Existe un claro enfrentamiento entre el discurso de las autoridades de los organismos que rigen nuestra lengua y la posición de los responsables de las entidades que administran los sectores educativos y culturales de los países hispanohablantes. Por un lado las estadísticas y las proyecciones muestran números espectaculares, pero por el otro exponen realidades que no se pueden ignorar. Es cierto que el número de personas que estudian español en el mundo está creciendo cada día pero habría que evaluar qué objetivo persiguen. Si nosotros aprendemos inglés lo hacemos por aprovechar el potencial económico, científico y tecnológico que ese idioma pone a nuestra disposición. En el caso del español, ¿qué le ofrece al estudiante? Tal vez la respuesta sea: un buen mercado. No sé por qué, al imaginarme un estudiante de español en Estados Unidos, en Francia o en Alemania, veo a un astuto guerrero afilando su espada.

Expongo mis argumentos.

Hora final: ………………

Hora final – Hora inicial = …….. minutos x 60 = …….. segundos

$$\text{Velocidad} = \frac{624 \times 60}{\text{……..\ segundos}} = \text{……..\ palabras x minuto (P.P.M.)}$$

$$\text{Calificación} = \frac{\text{…….. aciertos} \times 100}{5} = \text{……..\ \%}$$

$$\text{Velocidad combinada} = \frac{\text{Velocidad} \times \text{Calificación}}{100}$$

Cuestionario •

1. ¿En qué año se llevó a cabo el seminario "El valor económico del español: una empresa multinacional", auspiciado por la Fundación Telefónica y la Fundación Círculo de Montevideo en colaboración con la Secretaría General Iberoamericana?
   a. 2001
   b. 2003
   c. 2004

d. 2005
   e. 2006

2. ¿En qué porcentaje del P.I.B. español se calcula el valor económico de nuestro idioma?
   a. 15%
   b. 18%
   c. 7%
   d. 9%
   e. 11%

3. El español es la ... lengua más hablada en los Estados Unidos.
   a. Quinta
   b. Primera
   c. Tercera
   d. Segunda
   e. Cuarta

4. ¿Cuánta gente se inscribió en el Instituto Cervantes para aprender español en el periodo 2003-2004?
   a. 81000
   b. 93000
   c. 45000
   d. 98000
   e. 75000

5. ¿Qué porcentaje de personas en el mundo hablan francés en relación a las que hablan español?
   a. La décima parte
   b. La quinta parte
   c. La cuarta parte
   d. La tercera parte

III. Problemática

> *"¡Qué buen idioma el mío, qué buena lengua heredamos de los conquistadores torvos (...) Se lo llevaron todo y nos dejaron las palabras"*
> (Pablo Neruda)

Hora inicial: _____

III. a. Contexto

Para establecer la importancia del español en el mundo revisemos primero algunos datos:

- El español es hablado por 400 millones de personas en todo el mundo y es la tercera, en número de hablantes, después del chino mandarín (1,200 millones) y el inglés (478 millones), pero antes que el ruso (284 millones) y el árabe (225 millones). [1]

- Expertos proyectan que será hablado por 500 millones de personas a mediados del siglo XXI.

- El español es la lengua oficial en 23 países, que cubren 11 millones de kilómetros cuadrados.

- En la actualidad, el español es la lengua materna de un 15% de la población de los Estados Unidos y, según la UNESCO, para mediados de siglo una cuarta parte de su población hablará nuestro idioma.

---

[1] En algunas estadísticas colocan al hindi, la lengua oficial de la India, en tercer lugar, con 437 millones de hablantes, suponiendo que lo usa un 50% de la población, pero datos más exactos muestran que es sólo un 20%, con lo que no excederían los 200 millones.

- Alrededor de 100 millones de personas en el mundo tienen al español como segunda lengua y en Estados Unidos y Canadá es la lengua extranjera más estudiada.

El español es una lengua internacional, concepto aplicado a todas aquellas que son oficiales en dos o más naciones, y es aceptada tanto en la comunidad como en las organizaciones internacionales, como las Naciones Unidas y sus dependencias (UNESCO, UNICEF, Etc.), y la Unión Europea, entre las más importantes.

El español es, sin duda, una de las principales lenguas del planeta tanto por su historia como por su presente, sin embargo, es su futuro el que nos preocupa.

III.b. Las amenazas

En la sede de la Real Academia Española de la Lengua (RAE) ven las cosas con optimismo: *"El idioma español vive un momento de expansión y esplendor"*, aseguró a la AFP el académico Gregorio Salvador.

Como ejemplo, cita *"la cantidad de premios Nóbel de literatura en lengua española que se han producido en los últimos decenios"* y las cifras millonarias que alcanza la difusión de escritores de lengua castellana, tanto en España como en América Latina.

"La buena salud del idioma la proporciona fundamentalmente la creación literaria. Si la literatura es una literatura de calidad, de prestigio y que se lee, quiere decir que la lengua tiene un gran nivel", insiste, sin embargo un análisis más objetivo muestra un panorama distinto.

Las amenazas a nuestro idioma surgen de dos fuentes, una externa y otra interna:

Amenazas externas

La principal amenaza externa proviene de los embates del inglés, cuya capacidad de penetración aumentó radicalmente con el desarrollo de Internet, aunque no es nuestro único enemigo.

"En apenas medio siglo, el inglés ha colocado en nuestras bocas tantas palabras como el árabe en ocho centurias", sostiene Alex Grijelmo en su libro *"Defensa apasionada del español"*.

Sin embargo, no es la primera ofensiva que sufre nuestro idioma, como lengua moderna, en los últimos años:

"Hace un siglo los neologismos de todas las lenguas se construían con palabras del latín y el griego. En aquel entonces también los cambios tecnológicos provenían de países que no hablaban en castellano: Inglaterra, Francia o Alemania", explicó Juan Grompone, miembro de la Academia Nacional de Letras de Uruguay, a la AFP.

La diferencia es que en aquel entonces, la influencia se ejercía a través de los libros, o de las personas que se movían entre los países, y tomaba años que un término fuera aceptado por la gente, y muchos más para que la Real Academia de la Lengua lo incluyera en su diccionario. Ahora Internet bombardea en inglés a millones de hogares, y a miles de oficinas y universidades todos los días, y eso que en nuestros países aún es mínima su penetración. ¿Qué pasará cuando en poco tiempo se duplique o triplique el número de conexiones?

Hace unos años la Comunidad Europea apoyó un proyecto de algunos fabricantes que pretendían comercializar software, teclados y productos de computación sin la letra "ñ". Fue necesario que la comunidad intelectual de habla hispana interviniera con decisión para que tal propuesta no fuera aceptada; pero los ataques no cesan.

Alemania, primer país de la Unión Europea en número de hablantes, reclama cada vez con más fuerza el uso del alemán en los foros europeos.

El aumento de los países que la conforman hace imposible seguir con el concepto de idiomas oficiales y los documentos sólo se traducen por solicitud especial, lo que ha reducido en buena forma el número de textos disponibles en español. Pero también el francés y el italiano presionan, sobre todo aprovechando el alto número de hispanohablantes que abandonan su idioma. Un español que llega a otro país europeo, con seguridad deberá emplear una lengua distinta a la suya para hacerse entender, ya que muy pocos la usan fuera de España.

Las amenazas externas son muy serias, pero, a mi parecer, no tanto como las que surgen dentro de nuestro contorno geográfico.

Amenazas internas

Una de las principales amenazas internas al español somos nosotros mismos, que deberíamos ser los más interesados en defender nuestro idioma: el enemigo en casa.

El analfabetismo formal en los países de habla hispana es de alrededor del 10%. En cuanto al porcentaje de analfabetos funcionales y de iletrados no hay cifras oficiales pero los expertos están de acuerdo en que la situación es grave.

En 1978, la UNESCO definió el analfabetismo funcional en los términos siguientes: *"Es funcionalmente analfabeto una persona incapaz de ejercer todas las actividades para las cuales la alfabetización es necesaria en el buen funcionamiento de su grupo o comunidad y también para permitirle continuar leyendo, escribiendo y calculando en beneficio de su desarrollo personal y el de su comunidad".* La UNESCO define asimismo la condición del iletrado, que puede vincularse más claramente a la incapacidad de lectura de un diario: *"Iletrado es el que, habiendo aprendido a leer y escribir, ha perdido la práctica hasta el punto de no poder comprender un texto simple y breve en relación con su vida cotidiana".*

Está claro que una persona que no lee no puede hablar bien, y para entender la magnitud del problema revisemos algunas cifras.

La cantidad de libros leídos por año, por persona, en los países con mayor número de hispanohablantes es como sigue:

Argentina	4.6
Colombia	3
España	9
México	2.9

Nota: Datos al 2006

Cabe mencionar que en España ese porcentaje se refiere a libros no de texto. En Latinoamérica, en las estadísticas consultadas, no queda claro si incluyen textos relacionados con el sector educativo, que los alumnos se ven obligados a leer, o no. Si los incluyéramos, España elevaría su índice a 18, aunque incidiría muy poco en el promedio general, ya que el número de personas que allí hablan nuestro idioma es menor al 10% del total en el mundo (34 millones). La Organización de las Naciones Unidas para la Educación, la Ciencia y la Cultura (UNESCO) establece como nivel óptimo para un desarrollo integral de la sociedad, un promedio mínimo de lectura de 4 libros por habitante al año, que Latinoamérica está lejos de alcanzar. Tomando, por ejemplo a México, que representa a más de la cuarta parte de los hispanohablantes del mundo, en él, alrededor de 39 millones de personas (casi la mitad de la población de 12 años o más) sólo entiende algo, poco o simplemente nada de lo que lee.

En los territorios de habla hispana, por lo menos un cuarto de la población es técnicamente analfabeta y otro 25 por ciento es analfabeta funcional, lo que significa que no comprenden siquiera un texto breve que se refiere a un tema habitual de su vida cotidiana.

"La falta de respeto por el patrimonio común que constituye el idioma español provoca que en España -su cuna- las señales de tráfico contengan notables faltas de ortografía -'autovia' sin acento; 'desvio' sin acento; 'Alcala' sin acento- o que al 'alto' o al 'pare' que se emplean en Latinoamérica les sustituya la palabra 'stop'", documenta Grijelmo.

Cita el mismo escritor en una encuesta realizada en España que sólo cinco de cada 100 estudiantes de 16 años comprende la lógica de los acentos, el 72 por ciento se enreda con la hache y 53 por ciento confunde la "ll" con "y". El 15 por ciento no puede escribir una historia básica.

Una investigación en América Latina, sin duda, arrojaría peores resultados.

La principal responsabilidad de esa negligencia general, según el académico Fernando Lázaro Carreter, corresponde a las autoridades educacionales, que parecen haber renunciado a proteger la lengua.

"Es una actitud suicida de la sociedad renunciar a un idioma mejor", sentenció.

Pero no es sólo cuestión de las autoridades educacionales. España, cuna de nuestra lengua, podría hacer más de lo que hace para enfrentar semejante problema. Analicemos en ese sentido lo que ha hecho Francia, uno de nuestros más tenaces competidores.

En 1880 el geógrafo Onésime Reclus utiliza por primera vez el término "francofonía" para describir a la comunidad lingüística y cultural que constituía Francia con sus colonias. Actualmente ha dejado de tener esa connotación colonial para pasar a designar dos realidades distintas aunque complementarias. En su acepción más amplia, engloba al conjunto de las acciones que promueven la lengua francesa y los valores que esta transmite sin importar el país en el que se llevan a cabo. En el sentido institucional, cuando se escribe con mayúscula, se refiere a la organización internacional que agrupa a los 56 Estados y gobiernos que han decidido adherirse a su Carta.

La lengua francesa sigue ocupando hoy en día un importante lugar en el mundo a pesar de su debilidad en determinados sectores como las ciencias puras, el derecho comercial o las relaciones internacionales. El francés es, con el inglés, la única lengua hablada en los cinco continentes y sigue siendo lengua de trabajo de las organizaciones internacionales, tanto en Europa como en África por ejemplo, donde ocupa un lugar privilegiado en la Organización de la Unidad Africana (OUA).

El francés es la lengua materna de cerca de 80 millones de hablantes, lo que la sitúa en la undécima posición en la lista de las más de 2000 lenguas contabilizadas en el mundo. Se estima que más de 250 millones de personas son *"capaces de utilizar el francés ocasionalmente"*. Dejando a un lado las cifras, encuestas llevadas a cabo en numerosos países demuestran que el francés mantiene la imagen positiva de una lengua útil, indispensable en algunos sectores profesionales, pero también una lengua indisolublemente vinculada a unos valores, una cultura y unos proyectos de sociedad de alcance universal. Es este estatuto del francés lo que fundamenta su difusión en el mundo es su presencia en los sistemas educativos y su enseñanza. Se calcula que el número de alumnos y estudiantes que aprenden francés o lo estudian en el extranjero asciende a 82.5 millones lo que ocupa a 900 000 profesores. Hoy en día, la Francofonía agrupa a más de una cuarta parte de los Estados del mundo (49 miembros, 2 miembros asociados y 5 observadores). Sus Estados miembros albergan el 10% de la población mundial, aportan el 11% de la producción mundial y generan el 15% del comercio internacional. Este es un ejemplo de cómo un idioma se puede convertir en un factor económico relevante, asunto que trataremos más adelante relacionado con el español.

Como dato curioso, pero que refleja el compromiso de los miembros de la Francofonía, Québec, provincia de Canadá de habla francesa, organiza todos los años un concurso de ortografía, el Dictado de las Américas (La Dictée des Amériques), en el que compiten, en sus distintas fases de clasificación, más de 600 000 participantes, en las categorías juvenil y libre, de África, América Latina, Asia, Europa, Estados Unidos y Canadá, que se difunde por 2 canales de televisión, uno local (Télé-Québec) y otro de cobertura internacional (TV5).

¡Un concurso de ortografía televisado! Sería bueno tenerlo en mente al leer la correspondencia de insignes licenciados y maestros, e incluso algunos diarios y revistas que se despachan con "horrores" ortográficos hasta en la plana principal.

No es que España se haya quedado con los brazos cruzados. En 1991 crea el Instituto Cervantes, institución pública creada para la promoción y la enseñanza de la lengua española y para la difusión de la cultura española e hispanoamericana. Se encuentra en Madrid y en Alcalá de Henares, España, lugar de nacimiento del escritor Miguel de Cervantes. Los centros del Instituto están situados en cuatro continentes. Entre sus objetivos y funciones figuran:

- Organizar cursos generales y especiales de lengua española, así como de las lenguas cooficiales en España.

- Expedir en nombre del Ministerio de Educación y Ciencia, los Diplomas de Español como Lengua Extranjera (DELE) y organizar los exámenes para su obtención.

- Actualizar los métodos de enseñanza y la formación del profesorado.

- Apoyar la labor de los hispanistas.

- Participar en programas de difusión de la lengua española.

- Realizar actividades de difusión cultural, en colaboración con otros organismos españoles e hispanoamericanos y con entidades de los países anfitriones.

- Poner a disposición del público bibliotecas provistas de los medios tecnológicos más avanzados.

Es, sin duda, un esfuerzo loable, pero ¿será suficiente? ¿Estaremos a tiempo?

III.c. Lenguas vivas. Lenguas muertas

"Un idioma no muere solo, pues con cada lengua desaparece una cultura y se pierden ricas fuentes de información sobre los pueblos. Se trata de un fenómeno semejante, en cierto modo, a la extinción de especies", según se afirma en el informe de Peter Ladefoged para la Asociación Norteamericana para el Progreso de la Ciencia.

Pero el vicepresidente de la Real Academia Española de la Lengua (RAE), Gregorio Salvador, fue tajante al comentar este fenómeno:

"Las lenguas que se pierden, bien perdidas están porque ya no las habla nadie", sostuvo en declaraciones a la AFP en Madrid. *"Si bien algunas lenguas desaparecen, otras se fragmentan, con lo cual la cifra se mantiene en 4 mil ó 5 mil idiomas en todo el mundo"*, agregó.

En la Academia priva un aire de extremo optimismo, pero después de analizar las amenazas sería recomendable un poco de prudencia en las declaraciones.

Según un pronóstico hecho en 2002 por Stephen A. Wurmo en un estudio encargado por la UNESCO, al terminar este siglo, se habrán extinguido la mitad de las 6 700 lenguas vivas que existen actualmente en el mundo.

Los más optimistas prefieren creer que después de "tan sólo" 10 siglos de existencia la actual es una crisis de adolescencia, que ya ha pasado por situaciones similares en tiempos pasados y que siempre el español ha salido airoso.

Pero los más escépticos ofrecen estadísticas y ejemplos para probar que los peligros son reales: sólo en un período reciente de 15 años —de 1970 a 1985— desaparecieron 1800 lenguas y actualmente, otras 2000 dejaron de transmitirse.

Lo que debe tomarse en cuenta es que la extinción de un idioma se puede dar tanto por caer en el olvido como por fraccionarse en dialectos, y existen muestras de que esto último ya está sucediendo en el español.

III.d. La división

El latín surge en el 1000 a.C., tuvo su apogeo durante el Imperio Romano, y se mantuvo vigente, incluso después de su caída en el siglo V, hasta que se fragmentó, hace unos 1000 años, en las lenguas romances como el castellano, el francés, el italiano, el portugués y otras más, como ya hemos visto.

Otro ejemplo es el árabe, hablado por una cultura que dominó gran parte del mundo antiguo durante 8 siglos. En la actualidad existe un árabe literario, que se escribe igual en todo el mundo árabe, pero que no sirve para comunicarse. La pronunciación, por ejemplo, de los sirios es tan distinta a la de los argelinos que no les permite entenderse. ¿Llegará el día en que les pase lo mismo a chilenos y colombianos, mexicanos y argentinos, uruguayos y guatemaltecos, etc.?

Es común oír a los ingleses decir que lo único que los separa de los norteamericanos es el idioma. Las diferencias en la entonación, acentuación y vocalización de las palabras entre el inglés de Inglaterra y el de Estados Unidos son notables, pero lo es aun más en el caso de la ortografía que involucra diferencias en miles de palabras. Me imagino la cara de algún purista del idioma inglés al leer el New York Times, que seguramente sería la misma de alguno español si las sugerencias de Gabriel García Márquez, incluidas en el artículo "Botella al mar para el dios de las palabras" (La Jornada, México, 8 de abril de 1997) hubieran sido aceptadas por la comunidad de habla hispana en América Latina:

"Jubilemos la ortografía, terror del ser humano desde la cuna: enterremos las haches rupestres, firmemos un tratado de límites entre la ge y la jota, y pongamos más uso de razón en los acentos escritos, que al fin y al cabo nadie ha de leer

lagrima donde diga *lágrima* ni confundirá *revolver* con *revólver*. ¿Y qué de nuestra be de burro y nuestra ve de vaca, que los abuelos españoles nos trajeron como si fueran dos, y sobra siempre una?"

La pérdida de homogeneidad, factor fundamental de supervivencia de un idioma, es un riesgo muy concreto que pende sobre el español. Si no se toman ya acciones concretas podría fraccionarse en varios dialectos, como le sucedió al latín, privándonos del entendimiento entre nosotros y minando nuestra identidad. Recordemos que el idioma es un elemento primordial de cohesión social, y es allí en donde está el riesgo.

Prestemos atención a lo que dijo García Márquez en la misma entrevista ya comentada, hace más de 20 años:

"Con razón un maestro de letras hispánicas en los Estados Unidos ha dicho que sus horas de clase se le van en servir de intérprete entre latinoamericanos de distintos países. Llama la atención que el verbo pasar tenga cincuenta y cuatro significados, mientras en la República de Ecuador tienen ciento cinco nombres para el órgano sexual masculino, y en cambio la palabra condoliente, que se explica por sí sola, y que tanta falta nos hace, aún no se ha inventado. A un joven periodista francés lo deslumbran los hallazgos poéticos que encuentra a cada paso en nuestra vida doméstica. Que un niño desvelado por el balido intermitente y triste de un cordero, dijo: 'Parece un faro'. Que una vivandera de la Guajira colombiana rechazó un cocimiento de toronjil porque le supo a Viernes Santo. Que Don Sebastián de Covarrubias, en su diccionario memorable, nos dejo escrito de su puño y letra que el amarillo es el color de los enamorados. ¿Cuántas veces no hemos probado nosotros mismos un café que sabe a ventana, un pan que sabe a rincón, una cereza que sabe a beso?"

Podría argumentarse que el latín es una lengua muerta y que sucumbió ante la falta de apoyo de una potencia económica que lo siguiera imponiendo, pero ese no es el caso del árabe, y mucho menos del inglés, que ya están sufriendo procesos de cambio irreversibles. Aquí es donde podríamos recordarles a los miembros de la Real Academia de la Lengua Española:

"Si ves las barbas de tu vecino cortar, pon las tuyas a remojar"

III.e. Los mitos sobre el español

Es común entre los hispanohablantes elaborar mitos, en lugar de buscar soluciones, para así asignárselos a instituciones que oficien ritos orientados a atender los problemas, y así quedarse con la conciencia tranquila. En relación a nuestro idioma hemos creado varios:

- Somos 400 millones y sólo por eso el español es una lengua internacional.

- El mercado natural, que sólo por hablar el mismo idioma los hispanohablantes comprarán en empresas de hispanohablantes.

- El idioma español, reconquistador de los Estados Unidos.

"El dominio de la lengua no es erudición ni adorno: es una cuestión de identidad, una cuestión de ser", dijo Víctor García de la Concha, director de la Real Academia Española y presidente de la Asociación de Academias de la Lengua Española, en la ya mencionada entrevista concedida al diario La Nación de Argentina, el 23 de octubre del 2003.

"Se nos llena la boca con la expansión del español, con los 400 millones de hispanohablantes, y es verdad, pero es una verdad a medias. No es una cuestión solamente cuantitativa o demográfica, sino también de calidad. La globalización está haciendo que vayan a quedar pocas lenguas de comunicación universal. Una lengua, para ser una lengua de comunicación universal, necesita cuatro cosas: muchos hablantes, estructura trabada, presencia importante en las nuevas tecnologías y en el mundo de las comunicaciones científicas, y alto reconocimiento en los medios diplomáticos."

Tenemos un idioma con un número muy elevado de habitantes pero que no se utiliza como vehículo de intercambio fuera de nuestros dominios geográficos y cede cada vez más espacios, como en el científico y el diplomático, al inglés y a otros idiomas. Si bien nuestros investigadores, especialmente en España, han tenido un notable desarrollo, esto no ha resultado en el interés de usar nuestro idioma para fines científicos sino, por el contrario, ha provocado que, con el ánimo de buscar una mayor difusión de su trabajo, busquen publicar en inglés. En el ámbito diplomático ya vimos las presiones del francés, del alemán y del italiano.

En cuanto al "mercado natural", lejos de favorecernos, nos ha perjudicado. Ninguna campaña de "compre lo nuestro" ha funcionado y si económicamente tenemos la oportunidad, preferimos comprar productos estadounidenses, japoneses o alemanes en lugar de los nuestros. Pero por otra parte, aunque es cierto que la dimensión actual del mercado en español ha atraído a un buen número de estudiantes, también lo es el hecho de que su único objetivo es el lograr ventajas competitivas y que no tienen ningún interés por nuestra cultura o valores humanos. Esto es muy peligroso, especialmente para nuestra planta laboral, ya que es gente que viene de países en donde están concientes de la importancia económica de los idiomas y se están preparando muy bien para competir en nuestro territorio.

Para avanzar en el análisis del mito de la lengua española como una de las más habladas del planeta, podemos revisar otro que se refiere al peso del español en Estados Unidos.

En este país del norte viven más de 30 millones de hispanohablantes, pero lo que tendríamos que preguntarnos es qué peso lingüístico tienen y qué ventajas económicas representa ese hecho para aquellos que hablamos el mismo idioma.

La realidad del español en Estados Unidos es muy cruda y dista mucho de los mensajes triunfalistas de la Real Academia Española de la Lengua. El primer problema es la falta de homogeneidad, tanto idiomática como cultural, entre los que hablan español. Tenemos a mexicanos, portorriqueños, cubanos, centroamericanos y sudamericanos en todo el territorio estadounidense, que más que preocupados por difundir nuestro idioma, lo están por aprender inglés para lograr mejores puestos de trabajo. No es una experiencia extraña el que un residente mexicano en Estados Unidos responda con un: "Sorry, I don't speak Spanish" a una pregunta en español.

Por otro lado tenemos el fenómeno chicano. La mayor parte de la literatura chicana está en inglés y sus autores difícilmente pueden expresarse en español. El "espanglish", lejos de ser un refugio de nuestro idioma, está circunscrita a los espacios social y culturalmente más deprimidos y, según los expertos, será progresivamente absorbido por la lengua dominante, que irá sustituyendo los vocablos españoles por los ingleses hasta hacerlo desaparecer.

Si revisamos la situación de los descendientes de hispanohablantes, nos encontramos que la tercera generación ya no conoce el español y sólo se expresa en inglés. El español en Estados Unidos no está en fase de "reconquista" sino en la de integración a la cultura estadounidense.

"La igualdad económica y educativa se alcanza a través de la integración en la cultura dominante", escribía en el diario español ABC, en la víspera del día de la Hispanidad de 1999, el ex gobernador de Puerto Rico, Rafael Hernández Colón.

Mientras Estados Unidos sea potencia económica el inglés será el polo de atracción lingüístico. Si bien hay muchos anglohablantes aprendiendo español, los pronósticos indican que para el año 2050, habrán estudiado inglés más de 2000 millones de personas en el mundo. Será importante tenerlo en cuenta a la hora de buscar las soluciones.

Hora final: ....

Hora final – Hora inicial = ... minutos x 60 = ... segundos

$$\text{Velocidad} = \frac{4043 \times 60}{\text{........ segundos}} = \text{........ palabras x minuto (P.P.M.)}$$

$$\text{Calificación} = \frac{\text{........ aciertos} \times 100}{10} = \text{........ \%}$$

$$\text{Velocidad combinada} = \frac{\text{Velocidad} \times \text{Calificación}}{100}$$

Cuestionario

1. ¿Cuántas personas en el mundo hablan español?
   a. 200 millones
   b. 300 millones
   c. 400 millones
   d. 500 millones
   e. 600 millones

2. Según las proyecciones, ¿cuántas personas hablarán español en el mundo para mediados del siglo XXI?
   a. 200 millones
   b. 300 millones
   c. 400 millones
   d. 500 millones
   e. 600 millones

3. ¿En cuántos países el español es lengua oficial?
   a. 23
   b. 15
   c. 18
   d. 25
   e. 35

4. ¿Cuántas personas en el mundo tienen al español como segunda lengua?
   a. 80 millones
   b. 100 millones
   c. 120 millones
   d. 140 millones
   e. 160 millones

5. ¿Cuántas lenguas desaparecieron en el mundo entre 1970 y 1985?
   a. 1800
   b. 1900
   c. 2000
   d. 2500
   e. 3000

6. ¿En qué año se crea el Instituto Cervantes?
   a. 1783
   b. 1890
   c. 1945
   d. 1953
   e. 1991

7. ¿En qué año se utiliza por primera vez el término: francofonía?
   a. 1789
   b. 1880
   c. 1885
   d. 1900
   e. 1910

8. ¿Cuál el porcentaje de la población de habla hispana que se encuentran entre analfabetos formales y analfabetos funcionales?
   a. 25%
   b. 30%
   c. 35%
   d. 45%
   e. 50%

9. ¿Cuántos libros por año por persona establece la UNESCO como nivel óptimo para un desarrollo integral de la sociedad?
   a. 1
   b. 5
   c. 4
   d. 3
   e. 6

10. ¿Cuál es el país de la Unión Europea con mayor número de hablantes?
    a. España
    b. Francia
    c. Italia
    d. Rusia
    e. Alemania

IV. El español en Internet

"Quienes saben leer ven dos veces mejor"
(Menandro - siglo IV a.C.)

Hora inicial: _____

IV.a. La Sociedad de la Información

Para entender la trascendencia de una participación relevante, desde el punto de vista de un idioma, en Internet, creo básico analizar el concepto: Sociedad de la Información, que hoy en día conforma la base del desarrollo económico en el mundo.

Uno de los primeros en hablar sobre el concepto "sociedad de la información" fue el economista Fritz Machlup. La frase fue empleada por primera vez en su libro de 1962 *The production and distribution of knowledge in the United States* ("La Producción y Distribución del Conocimiento en los Estados Unidos") en donde llegaba a la conclusión que el número de empleos que se basan en la manipulación y manejo de información es mayor a los que están relacionados con algún tipo de esfuerzo físico.

Sin embargo, la concepción actual de lo que se entiende por Sociedad de la Información es responsabilidad del sociólogo japonés Yoneji Masuda, quién en 1981 publicó *The Information Society as Post-Industrial Society* (Editorial World Future Society, Estados Unidos).

No existe un concepto universal de "sociedad de la información" pero todos los autores están de acuerdo en que a partir de 1970 hubo un cambio en la manera en que funciona la sociedad desde el punto de vista económico. La generación de riqueza se trasladó del sector industrial a los sectores de servicio. A partir de ese momento, la mayor parte de los empleos ya no se asocian a las fábricas de productos tangibles sino al manejo de la información (generación, almacenamiento y procesamiento).

Manuel Castells, en su libro "La era de la información", Alianza Editorial, 1998, incluye al concepto en un contexto más amplio:

"Sociedad de la información es un estadio de desarrollo social caracterizado por la capacidad de sus miembros (ciudadanos, empresas y Administración Pública) para obtener y compartir cualquier información instantáneamente, desde cualquier lugar y en la forma que se prefiera".

Sea desde un enfoque social o económico, lo cierto es que la sociedad de la información le concede a las TIC (Tecnologías de la Información y Comunicaciones) la capacidad de convertirse en el nuevo motor de desarrollo y progreso. Si en la segunda mitad del siglo XX fue el sector industrial el que marcó la pauta en ese sentido, en este inicio del XXI es el sector de servicios, especialmente la industria de la informática, quien toma la batuta.

Muchos críticos la ven como una versión actualizada del imperialismo cultural que los países ricos ejercen sobre los pobres, especialmente por la dependencia tecnológica que genera, pero, válida o no la opinión, es un hecho indefectible. Los países ricos ponen las reglas y los pobres tienen que aprender a jugar con ellas si quieren sobrevivir.

Comenta Andrés Pedreño Muñoz, catedrático del Instituto de Economía de la Universidad de Alicante:

"Pese a constituir la tercera lengua más hablada del mundo, el español tiene una presencia en la Red que no corresponde con su peso cuantitativo. Me atrevería a sostener además que el español está padeciendo el coste de la carencia de políticas eficaces en favor del desarrollo de la sociedad de la información en España.

Los indicadores que de forma reiterada sitúan a España a la cola de la sociedad de la información en Europa vienen a poner de relieve las citadas carencias y, en mi opinión, la falta de perspectiva a la hora de intentar aprovechar un potencial calificado de forma generalizada como muy relevante."

Si España, líder tecnológico de los países de habla hispana, está a la zaga en este importante contexto, qué podríamos decir de América Latina, en donde más del 50% de la población vive debajo de la línea de pobreza.

De acuerdo a la declaración de principios de la Cumbre de la Sociedad de la Información llevada a cabo en Ginebra (Suiza) en 2003, la Sociedad de la Información debe estar centrada en la persona, integradora y orientada al desarrollo, en que todos puedan crear, consultar, utilizar y compartir la información y el conocimiento, para que las personas, las comunidades y los pueblos puedan emplear plenamente sus posibilidades en la promoción de su desarrollo sostenible y en la mejora de su calidad de vida, sobre la base de los propósitos y principios de la Carta de las Naciones Unidas.

Hermosos deseos, pero veamos la realidad.

Estadísticas del 2004 señalan que en ese entonces existían en el mundo 840 millones de usuarios de Internet, lo cual representaba un 13% de la población mundial. Pero si esta cifra es impresionante veamos la velocidad de implantación de las distintas tecnologías.

Mientras el teléfono de hilos tardó 74 años en llegar a los 50 millones de usuarios, la televisión lo logró en 13 y la conexión a Internet sólo en 4.

Ya sea por la base instalada o por la velocidad de implantación, lo cierto es que Internet tiene ya incidencia en lo social y en lo económico, y toca el corazón mismo de la estructura de los grupos humanos. El problema es que dentro de esta imponente red universal, el español "no suena".

Nuestra lengua es la cuarta más usada dentro de Internet después del inglés, el chino y el japonés. A simple vista no está tan mal si consideramos el número de idiomas que participan, pero si analizamos los números con más detenimiento nos daremos cuenta de las diferencias tan grandes que nos separan. Mientras el 45% de las páginas están escritas en inglés, al español sólo le corresponde el 4.6%. El Informe "La Difusión del Español en Internet", realizado por la consultora Accenture para la Fundación Caja de Burgos y la Fundación de la Lengua Española, presentado en septiembre del 2006, resalta el desequilibrio de los contenidos españoles en relación con el número de usuarios hispanohablantes.

El país que más tiene es Estados Unidos, con casi 26 millones de páginas en español, le sigue México con alrededor de 17 millones y España es el tercero con unos 14 millones.

El responsable de este estudio, Raúl Jiménez, explicó que a pesar de los más de 80 millones de usuarios hispanohablantes existentes, el volumen de contenidos en español es muy inferior al de otros idiomas.

El mismo informe resalta que durante los últimos 5 años el número de usuarios en Internet creció entre un 375% y 337% en España y América Latina, respectivamente. Un crecimiento continuo aunque alejado de las medias de otros países. El porcentaje de los usuarios de Internet en España es del 38%, por debajo de la media europea que es del 49%. El de los países de América Latina es del 14%.

Si se divide el número de usuarios por el número de páginas del mismo idioma, el inglés tiene el promedio más elevado con un 1.47, después se coloca el francés con un 1.25 y el alemán con un 1.23. El español, con un 0.58, es casi la mitad que el francés o el alemán.

En el aspecto cualitativo las diferencias también llaman la atención. El catedrático Andrés Pedreño Muñoz comenta:

"Podríamos traer muchos indicadores a colación, pero quizás los más sencillos sean algunas veces los más convincentes. Para mis alumnos de la asignatura "Economía de la Globalización" suelo hacer una búsqueda en Google de la palabra 'Spain'; en el día que redacto este artículo el buscador devuelve unos 886 millones de páginas. Si en cambio la palabra buscada es 'España', Google sólo devuelve 322 millones. En Internet, hay muchísimas más páginas sobre España en inglés que en español."

El citado catedrático hizo otra prueba en el mismo buscador y arrojó el siguiente resultado, expresado en números de páginas que contienen el término:

Término	No. de páginas
Science	4 350 millones
Ciencia	88.1 millones
Technology	5 650 millones
Tecnología	190 millones
Nanotechnology	128 millones
Nanotecnología	1.64 millones

Esta muestra no está hecha con rigor científico, pero nos da una idea de los intereses que no tenemos. Si bien existen diez veces más páginas en inglés que en español, están registradas setenta y ocho veces más páginas en inglés con la palabra "Nanotechnology" que en español con "Nanotecnología". No sólo tenemos que mirar el aspecto cuantitativo, sino además, el cualitativo, en el que también, al parecer, tenemos un serio retraso. Todo es cuestión de hacernos un par de preguntas:

- Si buscamos información actualizada sobre temas científicos o tecnológicos, incluso sobre juegos o entretenimiento, ¿en qué idioma hacemos la búsqueda en Internet?

- ¿Qué tipo de información está más actualizada en español que en inglés dentro de Internet?

Las respuestas nos darán una idea de por qué el rezago de nuestro idioma en la Red se va acentuando cada vez más.

Es un hecho que la Sociedad de la Información regirá nuestro mundo en las próximas décadas y también lo es el que los gobiernos de los países de habla hispana tendrán que hacer un serio esfuerzo por ponernos nuevamente en posibilidades de competir con cierta ventaja dentro de ella, y no sólo por las amenazas que se ciernen sobre el español, sino, y principalmente, por las que se ciernen sobre nuestra sociedad.

Otro ámbito dentro de Internet que merece especial atención es el de la comunicación entre las personas, que independientemente de las páginas que se desarrollan y se consultan, representa el mayor porcentaje de uso de la computadora entre los jóvenes. Los correos electrónicos y las conversaciones, así como los mensajes enviados por telefonía móvil, son elementos que ellos mismos consideran indispensables, llegando al extremo de causar adicción en algunos casos. Su conducta, desde el punto de vista sociológico y psicológico ya es motivo de estudio y los resultados no son alentadores, como tampoco lo son desde el punto de vista idiomático.

IV.b. Las palabras en Internet

A medida que los medios de comunicación se van desarrollando, la distancia entre la lengua escrita y la leída se va separando de la lengua literaria, más cuidada y sujeta a las reglas formales. Los hablantes reciben una avalancha de información lingüística a través de la radio y la televisión, y también de los libros y los periódicos. A todo ello se le suma Internet.

Un informe elaborado en el 2005 en España por Nielsen//NetRatings, compañía especializada en la medición y análisis de audiencias en Internet, señala que cada usuario visualizó un promedio de 846 páginas durante enero de ese año, el 4.3 por ciento más que en el mismo mes de 2004.

Según esos datos cada uno utilizó Internet una media de 28 horas y 21 minutos en el mes, lo que significa que el tiempo medio de conexión a la Red se incrementó en algo más de 4 horas respecto al mismo periodo de 2004.

Conforme Internet va desplazando a la televisión y va ocupando espacios educativos y empresariales, su papel lingüístico como soporte de textos va creciendo. No es extraño escuchar a un alumno justificar el uso de una determinada palabra, o incluso faltas de ortografía, simplemente porque lo vio en Internet. Parece que la Red se está convirtiendo en una especie de dios que está en todas partes y que todo lo sabe, y el riesgo, no sólo lingüístico, de semejante visión puede ser extremadamente peligroso.

Abocándonos al idioma, los riesgos de esta invasión de Internet se mueven en tres sentidos:

- La deformación del idioma
  Prácticas en las que Internet contribuye a difundir y justificar un uso limitado del idioma.

- La inclusión de neologismos
  La dinámica tecnológica que se mezcla con el español presionando la inclusión de nuevos términos.

- La desconsideración de nuestro alfabeto
  Los problemas del usuario de habla hispana para acceder a información, y poder leerla, con la simbología propia del español.

Revisemos cada uno en detalle:

La deformación del idioma

En estos días en que la democracia es un paradigma intocable, pareciera que la idea de que la mayoría tiene la razón es una verdad universal. No discuto la igualdad de derechos que tenemos todos los ciudadanos, pero desde el punto racional el sistema deja mucho que desear. No hay más que ver el tipo de gobernantes que los pueblos elegimos por mayoría en distintas parte del mundo, algunos de ellos potencias mundiales, para comprobar que es muy cierto ese dicho que dice que *"en la democracia, el sentido común es el menos común de los sentidos"*. En pocas palabras, el hecho de que la mayoría piense, o actúe, de una forma determinada no significa que la decisión que tomen sea la mejor, incluso para ellos mismos. Con el idioma sucede algo parecido. Si la mayoría habla mal, pues entonces está bien hablar mal, parece ser la conclusión.

He explicado ya mi punto de vista en cuanto a la importancia de que un idioma evolucione, incorporando nuevos términos y adaptándose al momento que se vive, pero lo que para mí es inaceptable es que se defienda y se apañe la deformación total de su uso en aras de la espontaneidad. Me refiero, por supuesto, a este pseudo código dizque de comunicación utilizado en los llamados "chats", o comunicación instantánea a través de Internet, y también en los mensajes enviados por teléfonos móviles, o celulares. Sabemos que es un fenómeno ampliamente difundido en el mundo y que cualquier acción que pretenda contrarrestarlo se vería como un ataque a molinos de viento, pero de ahí a que medios de difusión, que viven de la palabra, lo defiendan hay mucha diferencia. Una cosa es explicar una situación en la que confluyen una gran cantidad de circunstancias, incluso históricas, y otra es decir que está bien que los jóvenes se encierren en un número cada vez más limitado de palabras y que se difunda a los cuatro vientos para que el ejemplo cunda.

El 1 de marzo del 2006 apareció en el diario Clarín, en su versión en Internet, el artículo "Los custodios del idioma y su cruzada perdida contra el chat" que firma Marcelo A. Moreno. Cabe destacar que Clarín es uno de los diarios en español de mayor tiraje en el mundo y que su versión en Internet cuenta con más de 5 millones de usuarios únicos por mes. He querido incluirlo porque en él se exponen los argumentos más comunes entre aquellos que decidieron cambiarse de bando. "Si no puedes contra el enemigo, únetele", dice el dicho, y muchos lo hacen suyo. Como ven al problema del mal uso del idioma en Internet como algo monstruoso, en lugar de ver qué hacer para enfrentarlo, lo justifican, y así se sienten parte de la solución. Así empieza el artículo:

"Cada tanto aparecen, alarmados, apocalípticos, como una guardia petroriana alerta frente a cualquier novedad, en especial si proviene de los jóvenes. Son los custodios del idioma, que ya no se agrupan sólo en academias, sino que se afanan, de aquí para allá, como bomberos, tratando de morigerar sobresaltos, amainar cambios seguramente irreversibles y castrar tormentas definitivamente desatadas."

Lo que, probablemente olvida el señor Moreno es que esos "custodios del idioma", que tanto le molestan, son los que han permitido que su artículo pueda ser entendido hoy ya no sólo fuera de Argentina, sino fuera de su ámbito familiar. ¿Morigerar sobresaltos? ¿Amainar cambios? ¿Castrar tormentas? ¿Comprenderán esos jóvenes a quienes pretende justificar lo que quiso decir?

Y continúa:

"Que los jóvenes tienen un vocabulario muy acotado, que pecan contra la ortografía, que en los mensajes de texto por celular se toman libertades libérrimas con el lenguaje en pos de abreviarlo, que en el "chat" escriben de cualquier manera. Que corren riesgo de brutalidad inminente, que aún escolarizados, por su falta de respeto a las palabras y las normas, resultan analfabetos. Y así."

En lugar de terminar con la frase: "… Y así.", debió terminar con: "… Y así es.". El riesgo de brutalidad no es sólo inminente, sino una dramática realidad. Pruebas de aprovechamiento escolar en toda América Latina muestran deficiencias graves en la comprensión lectora de los adolescentes, lo que sin duda incidirá negativamente en las posibilidades de desarrollo de nuestra región; y las consecuencias las sufriremos todos, incluso el Sr. Moreno. Pretender que los muchachos hagan buen uso del idioma en los "chats" es un sinsentido, porque lo único que allí hacen es demostrar lo que saben, que es muy poco. El lenguaje utilizado por ellos en los medios de comunicación instantánea es consecuencia del sistema educativo; es un síntoma de la enfermedad, no la enfermedad en sí. Es como si alguien dijera: "Está bien que tosas, hombre, estás en todo tu derecho. ¡Ah, estos guardianes de la salud. ¿Cómo se les ocurre decir que podrías tener cancer?!".

Y sigue en otra parte de su artículo:

"Semejantes puristas, que añoran un lenguaje gongoriano jamás utilizado al menos por estos pagos, se preocupan por cuidar la lengua como si fuera un venerable monumento al que hay que proteger de la humedad y el polvo y no

una materia que late, en revolución permanente, que cambia, muta y contrae infecciones y contagios varios.

Finalmente duros de entendederas, se resisten a comprender que un idioma es un instrumento, no una Acrópolis. Si quienes usan el chat se comunican eficazmente con sus signos y extravagancias gráficas, ¿cuál es el problema? El documento de identidad de una lengua parece residir en su eficacia, no su calidad monumental."

Seguramente el Sr. Moreno no sabe que el español que empleó Góngora en su obra dejó de usarse hace ya algunos siglos y que nuestro idioma evolucionó de manera significativa desde entonces. Nadie pretende que sea inamovible y creo que en ese punto ya me expliqué, lo que me resulta simpático es que nos diga "... duros de entendederas ..." a quienes pretendemos defender al idioma, porque al parecer es él quien no entiende lo que significa. Un idioma es un instrumento de comunicación para que todos los miembros de una sociedad se entiendan, no para que lo hagan sólo entre grupos de personas. Si existiera un código universal de códigos y señas entonces sí podría hablarse de un lenguaje, pero no es así. Es muy probable que estos grupos ni siquiera se entiendan con otros de un mismo país. Además, lo utilizan de manera indiscriminada, pretendiendo que todos, incluso fuera de su ámbito, los entiendan y lo único que provocan es confusión. No son pocas las veces que he recibido mensajes estilo "chat" y he tenido que responderles que me expliquen de otra forma lo que quieren porque no se les entiende nada. Por otro lado, esos signos y extravagancias gráficas, no responden más que a la pobreza tanto idiomática como de ideas de la adolescencia actual. Si el Sr. Moreno tuviera oportunidad de frecuentar medios educativos se daría cuenta que en muchos casos manejan vocabularios no mayores a cincuenta palabras, y tal vez esté exagerando. Eso no es comunicación, eso es ignorancia, y no puede tener justificación.

El texto continúa:

"Y, encima, no se entiende. Porque si hoy la cruzada es contra el chat y los mensajes de texto, ¿por qué no se desató, añares antes, contra los telegramas o los

avisos clasificados que, en pos de la brevedad, hacen picadillo ortografía y sintaxis juntas, creando a repetición abreviaturas completamente inconcebibles?"

Parece que el señor tiene problemas con el asunto del entendimiento. ¿Cómo va a comparar telegramas con "chats"? Es probable que el número de telegramas enviados en toda la historia a nivel mundial sea menor al número de conversaciones por Internet de un solo día en un solo país. ¿Cómo va a comparar la influencia de unos y de otros en la sociedad? Además, en la extravagancia de encontrar un punto de comparación entre ambos, ¿si no se criticó en un caso, debería aceptarse en el otro? Es cierto, "… no se entiende …". Y entre los últimos párrafos de su artículo, expone:

"¿Habrá que recordar que tanto Sarmiento como García Márquez pugnaron por un español fonético, simplificado, sin nuestras sofisticadas reglas, al alcance de los más desfavorecidos en el reparto de riquezas y conocimientos?"

Desafortunado comentario. Lo que habrá que recordarle al Sr. Moreno, es que, quienes usan los "chats", no son los más desfavorecidos en el reparto de riquezas y, menos tendrían que serlo, en el de conocimientos, porque a ellos, a ese grupo social, oportunidades no les faltan para lograrlos.

Veamos ahora cuál es la opinión de Víctor de la Concha, Presidente de la Real Academia Española de la Lengua. En este sentido, en otra entrevista concedida al diario La Nación de Argentina, el 22 de octubre del 2003, se refirió a las "formas mínimas que emplean los jóvenes que escriben en sus teléfonos móviles mensajes cifrados" y también en los "chats" de Internet y defendió la validez de usar diferentes tipos de lenguaje en función del contexto en el que se produzca la comunicación.

"Nadie escribe igual una carta a un familiar o una solicitud oficial, del mismo modo que un periodista no redacta de la misma manera sus notas para un artículo que el artículo mismo", destacó De la Concha.

El directivo señaló que: *"A mí no me condiciona estar tomando notas con una gramática absolutamente anómala y particular mía en aquello que pueda escribir, mejor o peor, con un lenguaje ya cuidado"* para su posterior edición en el marco de un libro, un periódico o un texto cualquiera de carácter público.

Asimismo, para concluir, recordó la práctica generalizada entre los estudiantes de todas las épocas de reducir la extensión de las palabras en sus apuntes, al igual que ocurre, en la actualidad, con las generaciones más familiarizadas con Internet o las nuevas tecnologías, cuando, por ejemplo, simplifican la palabra "que" con la grafía "q".

Si estos jóvenes, a los que se refiere el Sr. De la Concha, tuvieran la capacidad, como él mismo o los periodistas que menciona, de comunicarse entre ellos de una manera y luego, al expresar sus ideas en otro medio y otras circunstancias, lo hicieran con toda la generosidad lingüística que el idioma ofrece, estaría de acuerdo con él, pero no es así. Esos muchachos tienen sólo una forma de comunicarse nada más, y es ésa que se manifiesta en los "chats", en donde resalta la pobreza de palabras y de ideas.

Recuerdo cuando mis hijos eran pequeños y atendía consejos de especialistas en educación sobre el tema del habla. Todos coincidían en que si aceptamos que los infantes se refieran a las cosas con señas, con gritos o expresiones corporales, y no los motivamos a realizar un esfuerzo por hacerse entender con palabras, difícilmente aprenderán a hablar. Yo creo que, como adultos, ésa debe ser nuestra actitud ante el problema expuesto: motivarles a realizar el esfuerzo para que se comuniquen mejor, no sólo con su grupo de amistades sino con todos. La comunicación es un intercambio de noticias, de ideas y de sentimientos, y se logra en la medida de nuestra riqueza expresiva. Un vocabulario limitado sólo conduce a una comunicación limitada y las consecuencias se estudian ya en el ámbito de la sociopatología.

En este punto creo conveniente aclarar que cuando hablo de adolescentes y jóvenes ignorantes, no me refiero a todos. En los años que he compartido espacios con ellos en escuelas y universidades, me he encontrado con muchachos con enormes deseos de superación, ávidos lectores y excelentes alumnos, entre los que tengo la satisfacción de encontrar a mis hijos, y si me preocupa y, por qué no decirlo, me molesta el resto es porque sé que el problema no es por falta de capacidad sino por desidia, por su actitud ante la vida. Si uno puede, todos pueden, y en ese sentido creo que deberíamos exigirles el máximo esfuerzo. Justificarlos sólo los perjudicará.

La inclusión de neologismos

Pero en Internet no todo son "chats", por suerte. Existen páginas y correos electrónicos que utilizan un lenguaje un poco más elaborado, y hay algunos, incluso, que son muy cuidadosos en su uso. El problema de los "chats" es consecuencia del nivel educativo de los adolescentes y jóvenes, y difícilmente influirá en la estructura de nuestro idioma; los perjudicados son ellos mismos por perder todos los días oportunidades para aprender a expresarse mejor pero, siendo objetivos, la lengua española en sí misma no sufrirá por ello. Los ataques constantes se concentran en la información que se intercambia todos los días en contextos como el publicitario y el técnico, en los que la necesidad de transmitir una idea les lleva a los responsables a utilizar neologismos, unas veces justificada, y otras injustificadamente. Estas son las palabras que se cuelan en el idioma hasta convertirse prácticamente en insustituibles, como es el caso ya sabido de "hardware" y "software", y como "Internet", que terminó por ser aceptada por la Academia. Estas son las situaciones que obliga a los expertos a mantener una permanente vigilancia sobre la dinámica que funciona en Internet para, por un lado, no perder actualidad, y por el otro no perder identidad.

La desconsideración de nuestro alfabeto

Existen otros problemas, que más que afectar al idioma, complican al usuario hispanohablante el uso de Internet en su propia lengua, y tienen que ver con la dificultad que tienen algunos sistemas para representar las particularidades de nuestro alfabeto, como la famosa "ñ", las vocales y las mayúsculas acentuadas. Ciertos "buscadores" convierten a la "ñ" en "n" y le quitan todos los acentos a los argumentos que registra el usuario para realizar la búsqueda. En algunos casos no afecta, y las páginas encontradas cumplen con los criterios de selección, pero en otros los problemas son evidentes. Supongamos que quisiera buscar el tema: "El uso de la ñ en Internet"; las referencias que me mostraría no tendrían nada que ver con lo que deseo. Algo similar, aunque más incómodo, sucedería si quisiera que el buscador me listara todas las páginas relacionadas con el "año del mono" incluido en el horóscopo chino; imagínense qué tipo de páginas me mostraría.

También, ciertos programas que administran los correos electrónicos eliminan nuestros caracteres especiales o los reemplazan por otros completamente ajenos a nuestro alfabeto, convirtiendo a la lectura en un ejercicio de interpretación de jeroglíficos.

Es obvio que el inglés es el dueño de Internet y que mientras el español no adquiera un peso específico mayor, estos problemas no tendrán solución, aunque no por ello debemos quedarnos con los brazos cruzados. Analicemos las conclusiones.

Hora final: ....

Hora final – Hora inicial = ... minutos x 60 = ... segundos

$$\text{Velocidad} = \frac{4390 \times 60}{........ \text{ segundos}} = ... \text{ palabras x minuto (P.P.M.)}$$

$$\text{Calificación} = \frac{........ \text{ aciertos} \times 100}{10} = ... \%$$

$$\text{Velocidad combinada} = \frac{\text{Velocidad} \times \text{Calificación}}{100}$$

Cuestionario

1. ¿Quién emplea por primera vez el término: Sociedad de la información?
   a. Fritz Machlup
   b. Yoneji Masuda
   c. Bill Gates
   d. Manuel Castells
   e. Andrés Pedreño Muñoz

2. Una de las amenazas de Internet sobre el español está relacionada con:
   a. La pérdida de identidad
   b. El aislamiento idiomático
   c. La deformación del idioma
   d. El dominio de empresas transnacionales sobre nuestros intereses
   e. La pérdida de la libertad de expresión

3. Los ámbitos que más presionan al español para la inclusión de neologismos son:
   a. La mensajería instantánea (chats)
   b. El arte y la cultura
   c. Políticas gubernamentales externas
   d. La literatura
   e. La publicidad y la tecnología

4. El principal uso que le dan los jóvenes a Internet está relacionado con:
   a. La consulta de información
   b. Los juegos
   c. Mensajería instantánea (chats)
   d. Compras en línea
   e. Compartir sus ideas con los demás (blogs)

5. Se considera que la proporción de páginas de Internet en español dedicadas a temas científicos es:
   a. Muy alta
   b. Alta
   c. Equivalente al inglés
   d. Muy baja
   e. Nula

6. ¿Cuántas páginas de Internet en español había en el 2006 por cada usuario hispanohablante?
   a. 1.47
   b. 0.58
   c. 1.25
   d. 1.23
   e. 2.21

7. En el 2006, ¿cuántos usuarios de Internet eran hispanohablantes?
   a. 80 millones
   b. 26 millones
   c. 17 millones
   d. 14 millones
   e. 95 millones

8. Sociedad de la información se refiere al cambio en la generación de riqueza, que se trasladó del:
   a. Sector industrial al campo
   b. Sector comercial al sector industrial
   c. Sector industrial a los sectores de servicio
   d. Sector comercial a los sectores de servicio
   e. Sector financiero al sector industrial

9. En el 2006, ¿qué porcentaje de las páginas en Internet estaban escritas en inglés?
   a. 20%
   b. 25%
   c. 35%
   d. 45%
   e. 50%

10. En el 2006, ¿qué porcentaje de las páginas en Internet estaban escritas en español?
    a. 2.3%
    b. 3.1%
    c. 3.7%
    d. 4%
    e. 4.6%

Conclusiones y recomendaciones

> *"A veces lamento hablar en español: escuchado desde la otra orilla debe ser algo incomparable, lleno de chasquidos y latigazos, terrible carga de caballería de abiertas vocales, por entre un campo erizado de consonantes clavadas como estacas"*
> (Alfonso Reyes)

Tenemos un gran idioma pero, como todo lo nuestro, lleno de contrastes. Si en literatura es rico, en ciencia y tecnología es pobre; tenemos innumerables ganadores del premio Nóbel y una pujante industria editorial, pero más de la mitad de nuestros habitantes no entiende lo que lee; lo estudian mucho los de afuera y nosotros adentro hacemos lo posible por olvidarlo. Lo preocupante es que las autoridades de la Academia sólo ven la parte bonita, y los responsables de nuestros países sólo ven, con impotencia, la fea.

Vimos ya los agentes que amenazan al español: el inglés con su agresiva penetración vía Internet, nuestro rezago dentro de esta sociedad de la información, el descuido de nuestras políticas educativas y culturales, que nos tiene sumidos en el analfabetismo, y de las científicas y tecnológicas, que nos condenan a depender de otros idiomas para poder avanzar. Revisamos también el riesgo de mantenernos impasibles, como lo es el fraccionamiento del español en dialectos regionales y la consiguiente pérdida de identidad, que en estos días es de las pocas cosas que nos mantiene unidos. Analizamos muchos aspectos más relacionados con nuestro idioma, con datos y opiniones de expertos de ambos bandos: optimistas y pesimistas (o debería decirles realistas) y todo con la idea, como lo expuse en un principio, de llevar acabo un ejercicio de reflexión. Después de hacerlo, a mí me queda la impresión de que el español tiene problemas, con injerencia en muchos ámbitos de nuestra vida, y que no estamos haciendo todo lo que está a nuestro alcance por solucionarlos, aunque propuestas no hayan faltado.

El Centro Virtual Cervantes, portal del Instituto Cervantes, expuso en el Anuario del año 2000, como parte del tema "El español en Internet" a cargo del connotado catedrático Francisco A. Marcos Marín, un Plan de Actualización de la Lengua Española en la Sociedad de la Información, que por el valor de las propuestas muestro íntegro a continuación:

Estrategias globales:

1. Plan coordinado con los países hispanohablantes, principalmente con Argentina, Chile, Colombia, Perú, Puerto Rico, México, Uruguay, Venezuela y los sectores hispanos de Estados Unidos.
2. Coordinación con universidades y centros de investigación, mediante un programa preferencial de I+D (Investigación y Desarrollo) de los ministerios de Educación y Cultura, Industria y Fomento.
3. Coordinación con los proyectos y programas de las Naciones Unidas, tanto de la UNESCO, en lo concerniente a la preservación del patrimonio, como de todo lo relacionado con la información en español en otros programas de agencias con un componente educativo, por ejemplo FAO o UNICEF.
4. Coordinación con los proyectos y programas de la Unión Europea.
5. Coordinación con la Agencia Española de Cooperación Internacional, para su aplicación en programas de cooperación y desarrollo.

Estas estrategias se desarrollarán en una serie de etapas que pueden ser simultáneas en muchos casos:

1. Informe sobre «Las grandes empresas hispanas e Internet». Estudio exhaustivo de las grandes empresas hispanas en la red, mediante visitas a sus servidores y entrevistas con los responsables de sus portales.
2. Informe prospectivo sobre comercio en Internet y posición relativa del español.
3. I+D en el sector lingüístico: instrumentos para el tratamiento de los datos en español, análisis y generación, voz, lematizadores,

diccionarios, traducción, terminología, corpus lingüísticos, extracción automática de la información textual.
4. I+D en el sector filológico: bases de datos textuales, corpus literarios, acceso automático al libro electrónico. Texto e imagen, facsímiles electrónicos, catalogación y edición.
5. I+D en el sector de las telecomunicaciones: estudio de los accesos a la información, módem, RDSI, cable, satélite, Internet e intranet, Internet-2, seguridad y cifrado.
6. I+D en el sector educativo: aplicaciones de Internet para el desarrollo. Escolarización y educación permanente por Internet. Uso en programas de educación para el desarrollo.
7. Acceso a la información en español. Coordinación de buscadores, desarrollo de sistemas específicos de minería de datos sobre Internet.
8. Acceso a los recursos culturales en Internet, recursos virtuales: bibliotecas, museos y exposiciones, prensa, radio, teatro, cine y televisión.
9. Acceso a los recursos industriales y comerciales en Internet. Grandes empresas y PYMEs, aplicación de los sistemas de búsqueda, extracción de información, minería de datos y cifrado para la compraventa electrónica.

Con la idea de comparar qué tanto hemos avanzado en estos últimos años, quiero presentarles las recomendaciones presentadas en el estudio "La difusión del español en Internet", realizado por la consultora Accenture para la Fundación Caja de Burgos y la Fundación de la Lengua Española, presentado el pasado 28 de septiembre de 2006, en Madrid, del cual expusimos ya valiosos datos en capítulos anteriores. El resumen que se muestra a continuación fue presentado en noviembre del 2006 en el portal de la Universidad Externado de Colombia, el cual forma parte del convenio que esta casa de estudios firmó con la UNESCO en diciembre del 2004:
1. Mejorar la coordinación, eficiencia y efectividad de las actuaciones de difusión del español, a través de una oficina o agencia de coordinación lingüística.

2. Aumentar la utilización de Internet en los países de habla hispana.
3. Fomento de certificados oficiales del idioma español.
4. Desarrollo de herramientas y sistemas de localización semántica para facilitar la búsqueda de contenidos.
5. Realizar acuerdos o convenios con organismos o instituciones académicas, públicas o privadas de habla no hispana.
6. Inversión en I+D+i (investigación, desarrollo e innovación).
7. Fomento de la digitalización de contenidos en español.
8. Traducción de contenidos al español mediante el desarrollo de herramientas adecuadas de traducción automática.
9. Planes para el registro de dominios específicos que identifiquen los países de origen de habla hispana.
10. Aumentar los contenidos en español en la Red.
11. Potenciación de cursos de e-learning para el aprendizaje del español y aplicación de nuevas tecnologías a la enseñanza del español.
12. Promoción de los sitios en español en los buscadores.
13. Establecer indicadores para el análisis periódico de la difusión y valor económico del español en Internet.

Como verán, muchas de las propuestas de este estudio presentado en el 2006 ya se consideraban seis años antes, lo que nos lleva a pensar que en todo ese tiempo prácticamente no hemos avanzado.

¿Qué podemos hacer nosotros, simples ciudadanos hispanohablantes, si las propuestas de los expertos han sido ignoradas por años? Presento a continuación algunas sugerencias:

1. Esforzarnos en nuestra comunicación personal, tanto en Internet como en textos de cualquier índole, en utilizar un español completo, sin abreviaciones, y correcto, tanto desde el punto de vista ortográfico como de redacción. Si lográramos hacer de esto una costumbre, encontraremos que el tiempo que toma hacerlo bien no es mucho mayor que hacerlo mal y cualquier diferencia quedaría plenamente justificada con la claridad de la exposición.

2. Promover entre la gente con quien tengamos contacto, parientes, amigos y compañeros, un buen uso del idioma, como se explica en el punto anterior.
3. Exponer la problemática del español en todos los foros en los que podamos participar, lo que incluye:
   - Reuniones entre amigos y pláticas con la familia.
   - Foros públicos y especializados en Internet
   - "Blogs" y páginas de Internet dedicados al tema
   - Juntas de padres de familia en las escuelas de nuestros hijos
   - Pláticas con maestros y directores de escuelas, y con directivos de las áreas educativas y culturales
   - Cualquier programa, en radio o televisión, o columna o artículo, en periódicos y revistas.
4. Adoptar una actitud crítica en cuanto al uso del idioma por parte de maestros y medios de comunicación.
5. Leer, informarnos y participar activamente con ideas y trabajo en la medida de nuestras posibilidades.

Sé que el reto es imponente pero lo peor que podemos hacer es quedarnos con los brazos cruzados. Creo que si todos aportamos nuestro "granito de arena" y actuamos como agentes multiplicadores de soluciones, habremos contribuido a mantener viva la esperanza de que en un futuro cercano todos los hispanohablantes estemos en capacidad de leer la "ñ" en cualquier rincón del planeta.

Referencias

Páginas de Internet

- Centro Virtual Cervantes
  http://cvc.cervantes.es

- La Lengua Española
  http://www.geocities.com/sergiozamorab/elespano.htm

- Universia
  http://tecnologia.universia.es

- Web de la asignatura "Economía De La Globalización" Curso 2005/2006. Universidad de Alicante - España
  http://economia-globalizacion.blogspot.com

- Univisión
  http://www.univision.com

- Asociación Nacional de Universidades e Instituciones de Educación Superior (ANUIES)
  http://www.anuies.mx/

- El Universal
  http://www.eluniversal.com.mx

- Dictée des Amériques
  http://www.dicteedesameriques.com

- Embajada de Francia en España
  http://www.ambafrance-es.org

- Red de Revistas Científicas de América Latina y el Caribe, España y Portugal.
  Universidad Autónoma del Estado de México
  http://redalyc.uaemex.mx/

- La página del mundo grecolatino en español
  http://www.culturaclasica.com

- Mundo Latino
  http://www.mundolatino.org/

- Sanskrit & Sánscrito
  http://www.sanskrit-sanscrito.com.ar/

- International Telecommunication Union
  http://www.itu.int

- El País
  http://www.elpais.com

- Universidad Externado de Colombia
  http://www.observatics.edu.co

- Wikipedia
  http://es.wikipedia.org

- Telefónica
  http://www.telefonica.es

- Organización Católica Latinoamericana
  http://www.oclacc.org

- Agencia Española de Protección de Datos
  https://www.agpd.es

- Artefacto
  http://artefacto.wordpress.com/

- La Nación
  http://www.lanacion.com.ar

- Expansión
  http://www.expansion.com/

- Página Digital
  http://www.paginadigital.com.ar/

- Diario Córdoba
  http://www.diariocordoba.com/

- Ministerio de Asuntos Exteriores de Francia
  http://www.diplomatie.gouv.fr/es/

- Clarín
  http://www.clarin.com

- Ministerio de Asuntos Extranjeros de Francia
  http://www.diplomatie.gouv.fr/es/

Libros

- La era de la información
  Autor: Manuel Castells
  Editorial: Alianza Editorial, 1998

- Informe: "La Difusión del Español en Internet"
  Autor: Consultora Accenture para la Fundación Caja de Burgos y la Fundación de la Lengua Española, 2006

- Defensa apasionada del español
  Autor: Alex Grijelmo
  Editorial: Taurus, 1998

- The production and distribution of knowledge in the United States ("La Producción y Distribución del Conocimiento en los Estados Unidos")
  Autor: Fritz Machlup
  Editorial: Princeton University Press, 1973 (Última edición)

- The Information Society as Post-Industrial Society ("La Sociedad de la Información como la Sociedad Post-industrial")
  Autor: Yoneji Masuda
  Editorial: World Future Society, 1981

Guía para el fomento de la lectura

La influencia de diversos factores ha hecho de la actual, una sociedad no lectora, privándola, en consecuencia, de todos los beneficios, tanto intelectuales como espirituales, que su ejercicio conlleva. Nuestra generación, la que en estos momentos lleva, mal o bien, las riendas del mundo, está sufriendo en carne propia la falta de previsión de nuestros antecesores que, probablemente sin mala fe, pero seguramente con una terrible miopía social, nos dejaron a expensas de los medios masivos de información, que sin miramientos, prácticamente se apropiaron de nuestra consciencia. Los problemas de falta de productividad, estrechez de criterios, soledad intelectual y violencia física, se deben al seguimiento de patrones que tienen como único fin programar las mentes para responder afirmativamente a las propuestas materiales que nos presenten.

Nosotros, todos aquellos que estamos conscientes de la situación, podemos hacer mucho por revertirla, si nos lo proponemos, y de ello trata esta parte del libro. Tenemos allí parados a nuestros niños, frente al monstruo de la ignorancia, inermes. Démosles a ellos la oportunidad, que tal vez nosotros no tuvimos, de defenderse, poniendo el mundo de los libros en sus manos. Permitámosles descubrir el enorme potencial de la lectura para desarrollarse como seres íntegros, intelectual y espiritualmente, y el insuperable placer de su compañía.

Los temas que veremos a continuación nos llevarán a conocer los orígenes y virtudes de la lectura, así como un análisis de su problemática actual, y para concluir, emitiremos una serie de recomendaciones que tendrán como fin hacer de la lectura la compañera inseparable de nuestros hijos.

La lectura

Orígenes

El hombre empezó a leer mucho antes de aprender a escribir. Porque leer es, principalmente, interpretar señales del medio ambiente y transformarlas en información de utilidad. El calor, la humedad, algún ruido o movimiento inusual, o tal vez alguna sensación interior, pueden ser los elementos que, sometidos a la lógica de nuestro razonamiento o de nuestros instintos, pueden darnos la clave para sobrevivir a una determinada circunstancia. Leemos con todo el cuerpo y quien no lo haga con eficiencia, simplemente, desaparecerá.

Durante miles de años, el hombre no necesitó más que la lectura corporal para evolucionar. De ser unos pocos individuos esparcidos por todo el planeta, se convirtió en poco tiempo en una especie exitosa, y pobló, y conquistó, amplios territorios en cada continente. Gracias a la agricultura, dejó de ser nómada y se asentó en pueblos y ciudades, y ya no necesitó salir día tras día a buscar su sustento, pues aprendió a acumular para las épocas de escasez. Esto, que por desgracia se desvirtuó en avaricia y forjó terribles diferencias sociales, también le permitió al hombre descubrir un tesoro de valor incalculable: tiempo para pensar.

Entonces, empezó a desarrollarse no sólo en los ámbitos relacionados con su supervivencia, sino, además, en otros que tuvieron que ver con su espíritu y su intelecto. Surgieron así las religiones, las filosofías y las artes, lo que junto con su tecnología, le fueron dando a cada grupo características muy particulares. Habían surgido las culturas.

Durante siglos, los conocimientos se fueron pasando de una generación a otra de boca en boca, pero llegó el momento en que ya no fue suficiente. El hombre sentía haber alcanzado una grandeza inigualable y sus hazañas, o mejor dicho, sus propias versiones de las hazañas, debían llegar inalteradas hasta los confines de los siglos. Depender de la memoria del pueblo era peligroso. Los hechos debían registrarse de alguna forma que fuera más fácil de controlar. Entonces, inventó la escritura.

Otras teorías dicen que la escritura surgió por la necesidad de llevar registros administrativos. El control de la producción agrícola, de los habitantes, de los soldados, de las armas y de los impuestos llegó a ser de tal complejidad que empezaron a necesitar soportes más confiables. Y fue así, según quienes la sostienen, que surgió la escritura. Pero yo me resisto a aceptarla. Atribuirle el origen de las letras (no a las de cambio) a los contadores, sería como descubrir un día que Karl Marx fue el creador de la poesía. Y que conste que no tengo nada en contra de los contadores, pero prefiero pensar que la escritura surge por la necesidad que tiene el hombre de trascender. Todo aquel que escribe pretende, aunque lo niegue, traspasar las barreras del espacio y del tiempo. El carácter de omnipresencia y de eternidad para su obra es el premio que mueve a todo escritor.

Ahora bien, esta teoría de la trascendencia le da a la lectura una nueva dimensión. Cuando ahora tomes un libro entre tus manos, piensa que estás viendo la obra de alguien que puso trabajo e ingenio para darle a conocer al mundo sus ideas, y que por lo tanto tratará de mostrar a través de ellas lo mejor de sí. Podrás no estar de acuerdo con lo que escriba, pero antes que nada puedes estar seguro de que lo habrá hecho a conciencia, cuidando su lenguaje, y que, probablemente, en la sola forma de organizar sus ideas nos esté dejando algo positivo.

Es por eso que necesitamos leer. Porque sólo así podremos acceder a aquellas mentes que tienen algo que enseñarnos y que, además, están dispuestas a hacerlo. Como miembros de una especie, es nuestra responsabilidad tomar las experiencias de nuestros antecesores y enriquecerlas, pero hoy en día, ello sólo se logra leyendo. No te olvides de aquella sentencia que nos dictó la naturaleza en nuestros orígenes, y que aún sigue vigente: "quien no lea con eficiencia, desaparecerá".

Virtudes

La lectura es considerada, tradicionalmente, como una forma de adquirir conocimientos. Otros, la apreciamos también como una fuente de placer. Pero además, ofrece otras muchas ventajas que la colocan como una de las principales herramientas que tiene el hombre moderno para desarrollar su intelecto:

Permite espacios de reflexión

La escritura es el proceso físico e intelectual por medio del cual convertimos nuestras ideas en símbolos. La lectura funciona en sentido inverso, es decir, interpreta los símbolos para transformarlos en ideas. Esto nos lleva a concluir que la lectoescritura es una forma de comunicación indirecta, ya que no se lleva a cabo estando el emisor y el receptor frente a frente, sino a través de medios ajenos a ambos, como son los códigos impresos y el papel.

Existen otras formas de comunicación indirecta, pero sólo la lectura nos ofrece la posibilidad, como receptores de la información, de imponer el ritmo. Sólo cuando leemos podemos detenernos en el momento que lo queramos sin que por ello perdamos la hilación del contenido. Es más, la técnica del "resumen conceptual", en la que externamos en nuestras propias palabras la percepción de cada idea en el momento en que esta se presenta, nos permite desenmascarar las órdenes subliminales y asimilar cada mensaje con mayor seguridad.

¿Qué sucede, por ejemplo, cuando vemos una película o escuchamos algún discurso? En estos casos es el emisor, es decir, aquel que los elabora, quien impone el ritmo de la exposición y difícilmente, a menos que estemos entrenados para ello, podremos analizar cada propuesta en el momento en que esta surja. Sólo al final tendremos oportunidad de hacer un análisis, pero ya habremos olvidado muchos de los detalles.

Las ideas, al no ser razonadas, o se pierden, o pasan a formar parte de la "obesidad mental", que explicaremos más adelante. Pero en algunos casos puede ser más peligroso aún. Podrían burlar nuestras defensas psicológicas y almacenarse indebidamente en nuestra consciencia, produciendo en nosotros reacciones, ante ciertos estímulos, que jamás imaginamos. El "lavado cerebral" y la publicidad basan su estrategia precisamente en ese concepto.

Los medios audiovisuales son excelentes formas de transmisión de ideas, pero para que estas sean de provecho se debe contar, principalmente, con la buena voluntad de sus autores. En el caso de la lectura, bastará con nuestro razonamiento.

Reafirma conocimientos

Antes de incluir un conocimiento en el espacio para experiencias nuevas, nuestra mente verifica si este no estuviera ya registrado. Si así fuera, lo reafirmará, acercándolo así, poco a poco, al grado de incuestionable.

Un conocimiento, antes de tomarse como cierto, deberá superar varias fases de confirmación, que van desde el "yo creo que ..." hasta el "yo sé que ...", y en el proceso, la lectura ocupará un lugar preponderante. En nuestra sociedad, es más fácil creer en lo que leemos que en lo que escuchamos. La palabra hablada difícilmente alcanzará la certidumbre de la escrita. Es fácil desdecir lo dicho, que palabras al aire al fin, no dejan rastro, pero no lo escrito, que queda allí plasmado como una prueba fehaciente del compromiso del autor.

Pero además de la posible desconfianza en lo que escuchamos, está el problema de la falta de tiempo para reflexionar. Al no poder confirmar como ciertos los conceptos que vamos oyendo, todas las ideas que surjan a partir de allí se considerarán dudosas. Difícilmente podrá construirse algo sólido a partir de una base incierta.

Ayuda al mantenimiento de la salud mental

Leer puede resultarnos sencillo para aquellos que desde niños aprendimos a hacerlo, y tal vez por ello no nos percatamos de lo complejo que puede resultar internamente este proceso. El esfuerzo intelectual que hacemos al leer representa para nuestra mente un ejercicio equivalente a los que llevan a cabo los atletas de alto rendimiento con sus cuerpos.

El cerebro, aunque fisiológicamente sea muy distinto, en algunos aspectos es parecido a un músculo: necesita ejercitarse para mantenerse en buen estado, y la lectura es ideal para lograrlo. Cuando leemos, se genera una gran cantidad de relaciones neuronales, agilizando el raciocinio, estimulando la imaginación y fortaleciendo la memoria.

Pero además del ejercicio, la mente necesita también una dieta balanceada, que en su caso se traduce como: información razonada. Sabemos que en cualquier ámbito de la vida, la escasez, tanto como el exceso, produce daño. También se aplica para la mente. Si no se alimenta adecuadamente, se desnutre, ocasionando debilitamiento irreversible y en consecuencia, embrutecimiento crónico. Si por el contrario, la cantidad de información que ingiere es excesiva, y si se introdujo a través de medios que no permiten la reflexión, como los audiovisuales, esta se acumula alrededor de nuestra mente como lo haría la grasa en torno a la cintura, obstruyendo el flujo de ideas, haciéndola lenta y desgastando recursos fisiológicos indebidamente, creando las condiciones propicias para severos problemas psicológicos.

Probablemente la lectura no sea la única forma de mantener un buen estado mental, pero sí es la más completa, y también la más accesible.

Estimula la imaginación
Las palabras son un excelente medio para expresar ideas, pero no para transmitir emociones o sensaciones. El vocablo: amor, por ejemplo, tiene un significado muy particular para cada individuo. Un escritor podría dedicarle la obra de toda su vida a tratar, y muchas veces sin conseguirlo, de explicar su forma de sentirla. Existen tantos "amores", "odios", "alegrías" y "tristezas", "azules", "salados", "fríos" y "aromas de azahar" como lectores. ¿Cómo describir fielmente, entonces, esos sentimientos o sensaciones con palabras?

La respuesta podría ser que las formas indirectas de comunicación no son las idóneas para ese tipo de comunicación, y que sólo logrando un contacto de mente a mente con el receptor podría lograrse con absoluta fidelidad. Pero los escritores, envueltos en ese inconmensurable orgullo que los caracteriza, no podían dejar de intentarlo. Y me alegro de ello, porque en esa batalla por expresar lo inexpresable, retan al lector a poner en funcionamiento una de las habilidades que más tuvo que ver con el desarrollo evolutivo del hombre: la imaginación.

Es justamente esa falta de precisión de los idiomas la que permite que cada obra, más que leída, sea interpretada. Es decir, al leer un texto, es nuestra percepción de la realidad la que se proyecta en el argumento, permitiéndonos vivir las experiencias de los personajes como propias, aumentando así su intensidad y creando ambientes de inigualable intimidad. Aquel que vea una película basada en un libro que ya leyó, con seguridad se sentirá decepcionado. Y es que en esa cinta él estará viendo la forma en que el director interpretó la obra, que por supuesto será muy distinta de la suya.

Al leer, se combinan las ideas del escritor con nuestros propios sentimientos, logrando así establecer relaciones entre experiencias que jamás hubieran surgido de otra forma. Dicho en otras palabras, leer excita la imaginación.

Enriquece nuestro lenguaje

No se aprende a hablar oyendo, se aprende a hablar leyendo. Porque en las pláticas cotidianas se descuida mucho el idioma. No se organizan las ideas antes de hablar, se utiliza un número muy reducido de palabras y nadie se preocupa si repite la misma innumerables veces, o si las usa indebidamente, o si inventa alguna nueva por no saber expresar algún concepto. Todo se soluciona con un, a veces implícito: "pero tú me entendiste, ¿no es así?", escudándose en la idea de que lo importante es el fondo y no la forma. Pero no estoy de acuerdo. Eso podría funcionar entre un número muy reducido de personas, que incluso podrían comunicarse, si lo quisieran, emitiendo gruñidos o vocablos monosílabos, o simplemente por señas. Pero, ¿cómo lo lograrían con alguien ajeno a su grupo?

Sería difícil, y seguramente daría lugar a otro tipo de problemas. Recordemos que la falta de comunicación es la base de la violencia. Es por eso que debemos leer, porque sólo así tendremos acceso a vocabularios más amplios, a construcciones idiomáticas variadas y a estructuras de ideas que puedan servirnos para ordenar las nuestras. Sólo leyendo podremos enriquecer nuestro lenguaje, y con ello la capacidad de expresar nuestras formas de pensar a un número cada vez mayor de personas. Tu mundo será tan amplio, o tan limitado, como tu lenguaje.

Diversión

El juego es aquella actividad que nos alimenta con experiencias al mismo tiempo que nos satisface inquietudes. En los primeros diez años aprendemos más que en todo el resto de nuestra existencia, y todo lo logramos a través del juego. Si como adultos nos cuesta mucho aprender, es porque nos hemos olvidado de jugar. Sólo cuando le encontramos a algo la parte entretenida, y en el proceso resolvemos alguna expectativa, logramos asimilarla y desarrollarla. Cuando llevar a cabo una actividad lo consideramos "trabajo", es porque no nos divierte, y difícilmente podrá contar con lo mejor de nosotros. Así es como se engendran las frustraciones. La mediocridad misma es la representación típica de una actividad hecha a disgusto. Pero en nuestra sociedad muchas veces no tenemos opción. Si queremos sobrevivir tenemos que "trabajar".

Pero aun en ese marasmo de responsabilidades y de trabajo forzado, el juego es posible. Y es nuevamente la lectura la que corre en nuestro auxilio. Al leer, tenemos la oportunidad de llenarnos de experiencias y satisfacer muchas inquietudes, y además, viajar a mundos tan lejanos a nuestra realidad que en muchos casos, y aunque sea por pequeños instantes, podremos tocar la libertad. Tal vez algún día, algún libro, nos permita descubrir el verdadero juego de nuestra vida.

Problemática

Las deficiencias en la lectura surgen principalmente en la infancia y la adolescencia, en donde la escuela y el medio ambiente influyen de manera determinante en el desarrollo de los hábitos. Es por eso que analizaremos la problemática relacionada con estas edades, para así encontrar posteriormente, soluciones en cada caso que no sólo corrijan defectos actuales, sino que, además, eviten que estos se vuelvan a presentar en generaciones futuras.

La escuela

¿Dónde empieza el problema de la lectura? ¿Dónde se encuentran los responsables de que los niños lean tan poco? No hay muchos lugares donde buscar: o es en el hogar o es en la escuela, y para mí no hay duda alguna: es en el ámbito educativo donde se genera y se afianza el desinterés de los niños por leer. No eximo a los padres de su complicidad en el problema, pero en la mente de los niños la escuela representa la fuente suprema de conocimientos y por lo tanto, definirá la actitud que durante toda su vida vayan a asumir frente a cualquier aspecto relacionado con el estudio; la lectura es uno de ellos. Si a nuestros niños, o adolescentes, no les gusta leer, es porque en la escuela no se fomentó el gusto por los libros.

Habrá maestros que se defiendan diciendo que difícilmente podrán formar lectores si en los hogares nadie colabora, pero, independientemente de que a continuación apoyaremos la acusación con argumentos irrefutables, mencionaremos uno que por sí solo sería determinante: si los maestros consideran importante para el futuro de nuestros hijos el que sean buenos lectores, y no lo logran, ellos son responsables del problema. Y si no les importa que les guste leer o no, con más razón aún, ellos son responsables del problema. El hecho de que en el hogar a nadie le interese que el niño lea, podrá ser por ignorancia, pero si eso sucede en la escuela siempre será por falta de voluntad.

Ahora debo aclarar algo muy importante. Cuando uno generaliza en torno a un asunto tan grave, corre el riesgo de afectar a entidades inocentes y, por supuesto, esa no es mi intención. Estoy plenamente consciente de que hay personas, instituciones educativas y países, incluso, que desarrollan una actividad muy meritoria en relación con el tema que aquí tratamos, y van hacia ellos, no sólo mis disculpas por cualquier comentario que sientan en contra suya, sino, además, todo mi aliento para que sigan por ese camino y que amplíen cada vez más su área de influencia. Pero por desgracia, todos ellos representan una pequeña minoría y se pierden en un universo de deficiencias demasiado grande. Seguiremos generalizando, pues, y como dice el dicho: "A quien le quede el saco, que se lo ponga".

La primaria

La primaria es una de las etapas más importantes en el desarrollo educativo de cualquier persona. Y lo es porque a esa edad el niño atraviesa por los años de mayor percepción, y es en su transcurso cuando formará los hábitos que regirán su conducta por el resto de su vida. Una buena primaria podrá suplir las deficiencias de una educación superior pobre, pero una buena universidad jamás podrá resolver los problemas causados por una educación básica deficiente.

Y sí, ustedes adivinaron, en la primaria es donde se originan los problemas de lectura. Y no porque las técnicas que les enseñan a los niños para que aprendan a leer estén equivocadas. No, lo es porque el sistema educativo, a través de todos los elementos que lo conforman, se empeña constantemente en transmitirles, durante todos los años que los tienen a su cargo, la idea de que el estudio es aburrido, de que debe reemplazar al juego y que servirá para mantener sobre ellos una permanente amenaza de castigo. Se dejan llevar por el triste paradigma de que "se va a la escuela a sufrir", y lo hacen con tanta "eficiencia" que el odio hacia el estudio, consciente o inconsciente, les dura a los niños por siempre.

Analizaremos el problema con detenimiento.

"Calificacionitis"

A los animales irracionales, y me refiero a los que no son humanos, porque también existen, se les amaestra utilizando la técnica tradicional del premio y el castigo. Si hacen lo que queremos, los gratificamos con una galleta o un pedazo de carne o un pescado, según la especie de que se trate, y si no, les demostramos nuestro enojo negándoselos, o con un gesto de desaprobación, o incluso, por desgracia, con latigazos o golpes. Parece funcionar muy bien, porque si vamos a algún circo podremos verlos realizar las piruetas más inverosímiles una y otra vez con mucha seguridad. Y por lo visto, dado su éxito, los pedagogos, aunque no todos por suerte, la adoptaron para los niños: "Haces lo que te digo y te pongo una buena calificación, y todos te felicitarán. No lo haces y te pongo una mala, y ya sabrás cómo te va con tus padres".

Genial. Entonces tenemos a millones de niños estudiando por un "diez", amenazados por un "cero". Pero, ¿qué pasa cuando no hay en juego ni un "diez" ni un "cero"? Nada, por supuesto. ¿Por qué tendría que pasar algo?

Este tipo de "motivaciones" basado en los premios y los castigos, tal vez produzca algunos resultados satisfactorios a corto plazo, pero estarán engendrando sentimientos que, a la larga, serán muy perjudiciales. Tarde o temprano la idea de que "yo no voy a estudiar porque me gusta sino porque estoy obligado a hacerlo" aflorará, y en ausencia de premios o castigos concretos derivará en desinterés y apatía. La falta de convicciones siempre tendrá como marco la mediocridad.

Las consecuencias de este sistema de calificaciones puede adquirir matices mucho más dramáticos. Mala es la desidia, pero peor es el miedo. Uno puede alejarse de algo tanto por falta de interés como por el temor a acercarse, y en este sentido las malas calificaciones tienen asegurado un lugar preponderante en nuestra memoria. ¿Quién no sufrió sus consecuencias alguna vez? ¿Quién no recuerda aquellas nefastas temporadas de exámenes que reproducían en nuestras mentes imágenes similares a las que debieron vivir los soldados en las trincheras en los momentos previos a la orden de ataque? Dime, en la actualidad, ¿cuál es tu sentimiento ante cualquier tipo de evaluación si no es el de pánico? Dime ¿qué palabra te viene a la mente cuando escuchas "examen", si no es TERROR?

Son entonces los libros, por su asociación directa con el estudio, los que sufren las consecuencias. La desidia por un lado, y el miedo por el otro, sin duda tendrán mucho peso a la hora de decidir qué hacer con el tiempo, y por lo tanto, cualquier otra opción que ofrezca algún estímulo más tangible y agradable, y menos complejo y "peligroso", como la radio o la televisión, siempre tendrán prioridad sobre la lectura.

Pero las consecuencias del sistema de calificaciones que se utiliza en nuestros países no termina allí, y es que, por desgracia, su verdadero sentido ha sido completamente deformado. Ya analizamos aquellas que afectan a la lectura, por lo tanto a las otras, es decir, a las que influyen negativamente en otros aspectos de la pedagogía; por no ser precisamente el tema de este libro, sólo las mencionaremos con el único afán de dejar constancia:

- Una calificación numérica, o alfabética, poco nos dice sobre las causas de las dificultades que un niño pueda tener con alguna materia, y así se diluyen las posibilidades de ayudarlo en el momento en que se detectan.

- Crean falsas expectativas y decepciones, haciendo creer que por tener buenas calificaciones el niño tiene el futuro asegurado o que, por el contrario, por tenerlas malas sus posibilidades de tener éxito en la vida desaparecen. Todos conocemos casos, si no el propio, en que excelentes alumnos jamás logran desarrollarse profesionalmente; u otros en los que pésimos estudiantes llegan a los primeros lugares del mundo científico o cultural.

- Se constituyen en el objetivo primordial de ir a la escuela, desplazando al verdadero que es el de despertar la necesidad de aprender. Un simple medio de evaluación se ha convertido en el fin en sí mismo.

- Las comparaciones son malas en el estudio. Aprender no es una carrera por obtener un primer lugar. Que un niño figure en el cuadro de honor no significa que sea mejor que otro, ni que tenga más mérito. Cada niño tiene ritmos de asimilación distintos, y el hecho de que no haya aprendido algo en un determinado periodo no quiere decir que nunca vaya a lograrlo, sino que no está listo aún para entenderlo. Los premios a esta edad pueden resultar muy injustos. Intentar desarrollar el espíritu de competencia antes que la seguridad en sí mismo, puede provocarle al niño severas frustraciones y sensibles bajas en su autoestima.

Pero claro, estarás pensando, es muy fácil criticar pero ¿qué hay con las propuestas? Si las calificaciones son tan malas, ¿de qué manera vamos a evaluar la actividad de los estudiantes?

Jamás me atrevería a hablar mal de algo si no tuviera una idea de cómo solucionarlo, aunque, si así fuera, no le restaría razón a la queja. Existen procedimientos de evaluación que han brindado excelentes resultados y que están operando con mucho éxito en países desarrollados, en los que se llevan controles cualitativos por alumno, dejando de lado las calificaciones numéricas o alfabéticas. Sería importante que los expertos en educación abrieran una amplia discusión sobre el tema para corregir este problema que tanto daño ha causado a generaciones presentes y pasadas. Pero mientras se deciden a hacerlo, seguiremos analizando otros problemas.

Exceso de Tareas
Tareas: "Serie de actividades relacionadas con determinadas materias que los alumnos deberán llevar a cabo en sus hogares so pena de calificaciones reprobatorias".

Todos sabemos en qué consisten las tareas, y todos también hemos sufrido sus consecuencias, pero, ¿son necesarias? O, mejor dicho, ¿son convenientes?

El argumento oficial, y tradicional, es que el trabajo en la casa representa la única forma de reafirmar los conocimientos adquiridos en la escuela. Lo hemos escuchado tantas veces que hasta nos parece lógico, aunque veremos por qué ya empiezan a levantarse voces en contra.

El problema principal surge de esa falsa concepción que se tiene de la escuela, en la cual debemos asistir a un salón de clases para sentarnos frente a un maestro, que nos va a hablar sobre todo lo que sabe, o lo que se supone que sabe, y tratar de asimilar lo que dice. Se ve a la educación como un proceso de comunicación en un solo sentido: el maestro, parte activa, emite sus conocimientos, y el alumno, parte pasiva, los debe recibir sin cuestionarlos.

Pobre idea de lo que es una escuela, pero muy real. Los programas actuales giran en torno al maestro, cuando deberían hacerlo alrededor del alumno, que finalmente es la razón de ser de todo sistema educativo. Enseñar, según esta idea, es emitir datos, aprender es recibirlos, y saber es recordarlos. Es entonces que la memoria empieza a jugar un papel preponderante. Un buen alumno no será el más creativo o el que mejor razone o el de mayor iniciativa o liderazgo, sino el que tenga mayor capacidad de retención. Y eso complica aún más las cosas.

Recordar vivencias, descubrimientos o el resultado de alguna experiencia creativa es muy sencillo; esa es la forma natural de aprender. Pero cuando debemos hacerlo con datos que muchas veces son ajenos a nuestro lugar o época, e incluso a nuestra forma de vida, con la única "motivación" de un cero pisándonos los talones, la labor necesitará acciones muy enérgicas, y una de ellas será el trabajo forzado en la casa. Estudiar a disgusto sólo sirve para los exámenes. Su efecto es pasajero, y al día siguiente se habrá olvidado. No hay peor enemigo de la memoria que el desinterés o el miedo.

Tú, por ejemplo, si yo te preguntara la fecha exacta de nacimiento del algún personaje histórico de tu país, ¿me lo podrías decir de memoria? Yo te confieso que no. Son pocos los datos concretos que normalmente recordamos de nuestra primaria. Haz un recuento de los conocimientos que te hayan quedado de aquella época y, fuera del descubrimiento de América y las capitales de los estados o provincias, y de algunos países, con seguridad son muy pocos. Y si alguno recuerdas, con seguridad fue por el trato muy especial que le dio tu maestro. Pero la educación primaria debe representar mucho más que eso.

Es cierto que aprendimos a leer y a escribir, y tal vez algo de aritmética, y que esas son cosas importantes, pero ¿son esos los únicos objetivos que deben perseguirse en ese periodo? ¿Qué pasa con las manifestaciones físicas o artísticas? ¿Qué sucede con el trabajo en equipo y el liderazgo, la investigación, la creatividad, el orden y la disciplina? Pues nada.

Están todos tan ocupados "dictando cátedra" que se olvidan de esos aspectos, tal vez los más importantes en la formación de un individuo. Si nuestros diseñadores de sistemas educativos se dieran cuenta de que la escuela es un lugar para desarrollar habilidades y para fomentar el gusto por descubrir y crear, la asistencia a clases se consideraría un premio, más que un castigo como se toma en muchos lados, y el aprovechamiento sería mucho mayor.

—Pero es importante que los niños trabajen en la casa, que se hagan responsables —dirán muchos.

Todo tiene su momento. El crecimiento es un proceso en el que el orden no puede alterarse. Cada edad tiene una función única en el desarrollo y debe respetarse. Incluso los mecanismos de aprendizaje varían de una etapa a otra, y en la niñez estos se basan en el juego. Enseña más la diversión que el aburrimiento. El trabajo en la casa podría hacerse con gusto si formara parte de alguna dinámica entretenida. El juego, guiado por supuesto, es mucho más provechoso que el trabajo forzado.

Y en cuanto a la responsabilidad, esta debe surgir por convicción, no por obligación. Sólo cuando entendemos la importancia de nuestras decisiones en algún proceso que consideramos fundamental para el logro de un fin determinado, es que convertimos a la conciencia en guía de nuestros actos. Nadie se hace responsable de algo en lo que no está convencido y nadie puede ser convencido a "golpes".

—Bueno, pero finalmente, ¿cómo afecta todo esto a la lectura? ¿Por qué debemos considerar a las tareas enemigas del gusto por leer?

La respuesta es muy sencilla, y tú probablemente ya la descubriste. Los libros son el elemento más representativo de la tareas, y dado que estas están directamente relacionadas con "trabajos forzados", aburrimiento y presión, la asociación se establece con naturalidad: un libro significa experiencias negativas. La alternativa es un espacio educativo en el que se respete el derecho universal de los niños a jugar y en el que los libros sean parte de la diversión.

Los maestros
El análisis que haremos de los maestros de educación primaria, será en función de la relación que tienen con el problema de la lectura, y no de su responsabilidad pedagógica en general. Para ello lo hemos dividido en dos partes: su vocación y su interés por la lectura.

La vocación
Los maestros, junto con los religiosos, los militares y los médicos, principalmente, son de los pocos profesionales entre los que la vocación destaca como factor de orgullo. La vida de cualquiera de ellos bien podría medirse por la fuerza de su dedicación.

La vocación es la diferencia entre una persona que simplemente se para frente a un salón de clases y un maestro verdadero. El primero cumple con un programa de estudios, el segundo, con su conciencia. Unos trabajan por un sueldo, los otros, por el gusto de enseñar. No tengo nada en contra de cumplir con un programa, y menos de cobrar un sueldo, pero yo estoy convencido de que sólo aquellos que aman su trabajo pueden destacar en su ejercicio. ¿Que si hay muchos o pocos, de unos o de otros? No lo sé. Creo que si miramos objetivamente a nuestro grupo social podremos contestar esa pregunta.

Pero concentrémonos en la lectura. ¿Por qué considero que la vocación de un maestro tiene que ver con el gusto por la lectura de sus alumnos? Sencillamente porque la lectura está relegada a un segundo plano dentro de los programas educativos actuales y sólo con entusiasmo y amor por la profesión un maestro podrá ubicarla en el lugar que se merece. Ignorar el problema escudándose en un programa de estudios deficiente sólo los hace sus cómplices.

Yo he tenido el gusto de conocer maestros que en sus horas libres, incluso sin tener, en algunos casos, relación con las materias de su especialidad, organizaban talleres de lectura y escritura, en donde platicaban de los libros leídos, hacían análisis y críticas, y hasta escribían y representaban sus propias obras teatrales. Un verdadero ejemplo de vocación, y también de que sí existe ese tipo de maestros.

Interés por la lectura
Siendo simplistas, este tema lo podríamos resumir con pocas palabras: "Predicar con el ejemplo". Pero el fondo se encuentra a mayor profundidad. El interés por la lectura va mucho más allá de sentarse frente a un salón de clases con un libro en la mano para que los alumnos lo vean. Leer significa cultura, y sin ella careceríamos de argumentos y, más grave aún, de autoridad moral para hablar sobre el tema.

Conozco maestros de literatura que nunca en su vida han leído algo más que las páginas de los libros indicados en el programa de estudios. Pero también sé de otros que además de ser ávidos lectores, incluso son escritores con gran futuro literario.

Si tú tienes hijos en la escuela primaria, haz el intento de platicar con sus maestros fuera del ámbito educativo. Trata de conocer sus gustos y sus aficiones; creo que como padres tenemos el derecho de saber en manos de quién dejamos a nuestros pequeños todos los días. Allí conocerás las posibilidades que tendrán tus hijos de llegar a ser buenos lectores. Las deficiencias culturales de los maestros provocan con su actitud ambientes desfavorables hacia la lectura, y en caso de verse obligados a apoyarla, deberán limitar sus argumentos a las propuestas, muchas veces intranscendentes, de los programas oficiales de estudios.

Los programas de estudios
Al hablar en contra de la igualdad, uno corre el riesgo de que lo cataloguen como un ente reaccionario, pero, créanme, está muy lejos de ser verdad. Estoy consciente del peligro, pero sería imposible tratar el tema de los programas oficiales de estudios sin hacerle frente. Si me refiero a desigualdades, jamás estas tendrán que ver con los deberes o derechos ciudadanos, sino, más bien, con aspectos técnicos de la educación.

No existen dos niños iguales, aunque las autoridades educativas insistan en lo contrario. Pretenden imponer un mismo programa para todo el país, matizándolo a veces con pequeñas consideraciones regionales, y se sientan a esperar resultados positivos. Problema muy grave, como verán.

No voy a analizar ahora las consecuencias pedagógicas de semejante error, aunque argumentos no me faltan. Tratando de circunscribirme estrictamente a nuestro tema central, sólo tocaré aquello que tenga injerencia en el problema de la lectura.

Ya no hablemos de dos niños que viven en puntos opuestos de un país. Hablemos de dos niños que viven en barrios o colonias de una misma ciudad, o incluso, de dos niños que asisten a un mismo salón de clases. Por más que pretendan generalizar, seguirán siendo distintos. Cada materia representará un reto diferente para cada uno y los ritmos de aprendizaje variarán, incluso, de acuerdo con el tema que se trate.

Si las estrategias pedagógicas de un sistema educativo no permiten adaptar sus objetivos a las características de cada lugar, e incluso, de cada niño, estaremos sometiendo a todos ellos a presiones que, sin duda, los alejarán del rendimiento óptimo y reforzarán la idea preconcebida y generalizada de que a la escuela vamos a sufrir. La relación escuela/libro vuelve a surgir y la lectura es relegada una vez más a la categoría de las actividades indeseables.

Tal vez piensen que el concepto educativo que dejo entrever en las críticas que hago son producto de alguna fiebre idealista o que simplemente me dejo llevar por algún tipo de afán destructivo, pero en ninguno de los casos es así. Jamás me atrevería a hacer reclamo alguno si no supiera que los cambios que pretendo ya han dado buenos resultados en otros países, y que en ellos han basado su despegue tecnológico, social y económico.

Yo no tengo que ir tan lejos para comprobarlo. Mis hijas, adolescentes ahora, estudiaron en un sistema en el que jamás en la etapa correspondiente a nuestra primaria les pusieron una calificación numérica, aunque sí se les llevaba individualmente un control detallado de sus avances y dificultades, materia por materia. Y si tenían que hacer algo en la casa era porque ellas lo querían, no porque estuvieran obligadas. Recuerdo su angustia por perderse algún día de clases. Actividades creativas, juegos y trabajo se mezclaban con lectura de cuentos, obras de teatro y cine, y con excursiones fuera de la ciudad para no perder el contacto con la naturaleza. Los programas de estudio eran establecidos por los propios maestros al inicio de cada periodo escolar y revisados semanalmente para evaluar su eficiencia.

A la fecha mantenemos una gran amistad con varios de los maestros que las tuvieron a su cargo, y seguimos apreciándolos tanto por su valor personal como cultural. Y no les voy a hablar de los logros de mis hijas porque tal vez lo consideren una opinión muy parcial, pero difícilmente podré ocultarles el orgullo que siento por ellas. Creo que hay mucha gente que se merece ese sentimiento y por eso lo comparto. Todos sabemos que es necesario un cambio. Ojalá nuestras autoridades se decidan a realizarlo, y que antes de llevarlo a cabo sepan mirar hacia arriba.

Facilidades escolares
Para terminar con el análisis del ámbito escolar como factor preponderante en el problema de la lectura, sólo me resta hablar de las facilidades que se les ofrecen a los estudiantes dentro de la escuela para leer.

Podremos tener maestros preocupados por fomentar la lectura entre sus alumnos, pero tanto el espacio físico como la variedad de libros con que cuente la institución actuarán en su contra si son deficientes. Si, como sucede en muchos casos, en los hogares de los niños no existen los recursos o el interés por adquirir libros, y las bibliotecas públicas en la ciudad brillan por su ausencia, la escuela debería considerarse como su fuente principal de abastecimiento. Sin llegar a ser determinante, como vimos que son las metodologías de enseñanza, los maestros y los programas educativos, la existencia de una biblioteca escolar podría ser importante en el momento en que un maestro con buenas intenciones deba decidir si cuenta con los elementos para asumir la responsabilidad de emprender una campaña de fomento a la lectura.

El hogar

En un día normal de escuela, de las catorce horas en que el niño está activo, restándole a veinticuatro diez de sueño, más de la mitad se la pasa atendiendo directa, o indirectamente, órdenes de su maestro. Entre el tiempo en que asiste al salón de clases y las tareas, más de siete horas por día está pensando en lo que él dice y hace, o en lo que él dijo o hizo. ¿Cuántas horas por día crees que sus padres logren ese mismo tipo de atención? Una, o tal vez dos. En la casa, el niño tiene que repartir el tiempo entre sus responsabilidades como hijo y la satisfacción de sus necesidades básicas. En la escuela, a excepción de los recreos, su tiempo le pertenece al maestro por completo.

Pero si bien los padres no pueden competir por el número de horas, sí pueden hacerlo en cuanto a la calidad de las mismas. Una orden de la mamá tendrá más peso que diez de cualquier maestro. Una sola mirada o un simple gesto de ella logrará lo que no podrán reportes a la dirección, calificaciones reprobatorias, llamadas de atención o, incluso, gritos.

La relación afectiva del niño hacia sus padres, y hacia el ambiente mismo del hogar, será un factor determinante en el momento en que deba tomar una decisión. Si le dan a escoger entre los maestros y los padres, el niño optará siempre por estos últimos. Si tuviéramos por un lado una escuela primaria preocupada por la lectura, y por el otro, un hogar en el que no les interese, es en este último donde todo el esfuerzo de la primera sería destruido. Veremos ahora los distintos aspectos de esa influencia negativa y, posteriormente, cuando hablemos de las soluciones, analizaremos las formas de aprovechar el poder del hogar en favor de la lectura.

El ejemplo de los adultos
Al nacer, son los instintos los que nos guian en nuestras primeras acciones. Uno de ellos es el que nos permite, poco a poco, ir consiguiendo un lugar dentro de la sociedad que nos rodea: la imitación.

Aprendemos los patrones de conducta de los miembros de nuestra especie viendo lo que hacen los demás, para posteriormente intentar repetirlo. Es un proceso natural y, por cierto, muy efectivo, aunque deben aceptarse ciertos riesgos. Así como nos sirve para aprender a desenvolvernos en nuestro medio ambiente, también nos sirve para adquirir hábitos, que en no pocos casos han llevado a ese grupo social al colapso. El niño los seguirá aun sabiendo que el mundo exterior podría no aceptarlos. Tomará como costumbre todo aquello que los adultos hagan en forma reiterada frente a ellos. Así, verán televisión, dormirán, hablarán, gritarán y comerán, pero si nadie lee, ellos tampoco lo harán. En términos generales, podemos afirmar que un niño no lector, proviene de un hogar de no lectores.

Desinterés de los padres
Una de las características de nuestro comportamiento que nos ha permitido no sólo sobrevivir, sino además, evolucionar como especie, es la convivencia. El hombre es una criatura fundamentalmente sociable. Solo, en un medio ambiente tan hostil como el que lo rodeó en sus orígenes, hubiera desaparecido en pocas generaciones. El ser aceptado por los otros miembros de su grupo social debió ser entonces una

cuestión de vida o muerte, y dados los alentadores resultados de tal necesidad, quedó grabada en sus genes. Es por eso que siempre nos preocupará, aunque lo neguemos, lo que los demás piensen de nosotros. Es instintivo. Por ello, difícilmente insistiremos, de niños, en hacer algo que nos aísle de nuestra gente, y leer, en un ambiente en el que nadie lee, provocará precisamente ese efecto.

Si ante los primeros contactos con la lectura, los padres dan muestras de disgusto, desaprobación o desinterés, los niños tomarán la experiencia como contraria a las costumbres del grupo y, ante el temor inconsciente a ser aislado, la desecharán para siempre.

Falta de libros

La escasez de libros adecuados para la edad del niño es en muchos casos un elemento decisivo para que deje de leer. Sus maestros podrán estar haciendo un gran esfuerzo por fomentar el hábito de la lectura, y tal vez sus padres son ávidos lectores, pero si el niño no tiene a la mano textos entretenidos, divertidos o emocionantes, su interés se desviará hacia aquello que le ofrezca las mismas sensaciones pero que tenga a su alcance, como por ejemplo la televisión, la radio, etcétera.

Podrán existir miles de volúmenes en una biblioteca, pero si no tiene los libros adecuados a los gustos del lector, de poco servirá para nuestro propósito. No existe peor enemigo de la lectura que un libro aburrido.

Los medios audiovisuales de comunicación

El hombre siempre se ha guiado por la ley del menor esfuerzo. Probablemente es una característica que heredamos de nuestros antepasados recolectores y estemos actualmente predispuestos a ello por nuestro código genético. Tomaremos primero lo fácil, lo sencillo de obtener, lo que esté cerca y requiera de poco esfuerzo, y si allí no lo encontramos, consideraremos, primero, prescindir de ello, y luego, si nos hace mucha falta, arriesgarnos a buscarlo un poco más allá. Las oficinas de patentes están repletas de inventos que ofrecen, como único fin, la comodidad, y los medios audiovisuales de comunicación son un claro ejemplo.

La lectura es el proceso intelectual por medio del cual interpretamos códigos para convertirlos en ideas, y como tal, exige un considerable esfuerzo de quien la realice. No es un proceso natural. Las imágenes y los sonidos, en cambio, llegan directamente a nuestros centros nerviosos. Es un proceso natural y no requiere de esfuerzo alguno. Desde el punto de vista de los recursos físicos, leer cuesta; ver y oír es gratis. Pero además de las vías que siempre tendrán abiertas hacia nuestro cerebro, cada medio de comunicación audiovisual tiene armas propias para sacarles el máximo provecho, las cuales analizaremos a continuación.

La televisión

La televisión, el gran monstruo del siglo XX. Imágenes y sonidos programados en los hogares de todo el mundo. El sueño de la comunicación universal hecho realidad.

Sobre lo de "comunicación universal" creo que todos estamos de acuerdo. ¿Pero será realmente un "sueño hecho realidad"? Tal vez sí para quienes dominan los centros de poder. Bastará tener mucho dinero para tener la posibilidad de convencer al mundo entero de lo que uno quiera. Podrán argumentar sus defensores que hay programas, canales y países que la aprovechan para difundir cultura. Es cierto, pero su proporción es tan pequeña y se da en lugares tan lejanos que para nosotros tiene poca relevancia. En todo caso podríamos contestar que cada país tiene la televisión que se merece.

Pero, ¿por qué provoca adicción? ¿Por qué le cuesta tanto a la gente apagar el aparato receptor? Tal vez porque los dueños de las señales han comprendido "demasiado" bien el arma que tienen entre sus manos. Aprendieron que crear necesidades entre el público era muy fácil, y que luego satisfacerlas lo era aún más. Primero, nos dicen lo tontos que somos si no nos vestimos de cierta manera y si no hacemos o decimos determinadas cosas, y luego, que si compramos lo que ellos nos "sugieren", dejaremos de serlo. Entran al subconsciente, juegan un rato con nuestros sentimientos, alejándonos de la realidad, y se retiran en el momento preciso para fortalecer la dependencia. Cualquier parecido con las drogas, es mera coincidencia.

Pero se le puede vencer. En primera instancia, la lucha entre los libros y la televisión podría parecer desigual, pero el ingenio y la fuerza de voluntad pueden mejorar las posibilidades de ganar. De ello hablaremos en el capítulo de Propuestas.

La radio

La radio, a todas luces, es menos "peligrosa" que la televisión, pero su inocencia no es total. Si bien no transmite imágenes, el hecho de estar emitiendo señales sin necesidad de prestarle atención directa la convierte en el medio ideal para transmitir mensajes subliminales, es decir, frases o textos que escondidos en alguna secuencia publicitaria, aprovechando la distracción, burlan nuestras defensas psicológicas almacenándose como ciertas, aun sin haber sido analizadas.

Escuchamos radio mientras hacemos ejercicio, o mientras caminamos o corremos. También cuando manejamos, cocinamos, comemos, dormimos, trabajamos y todos los etcéteras posibles. Escuchamos radio una buena parte del día, y los dueños de las estaciones y las agencias de publicidad saben muy bien cómo aprovecharlo. Pero si bien los alcances de semejante bombardeo de ideas puede alterar nuestras decisiones, la radio tiene un efecto, para mí, mucho más perjudicial: invade nuestra privacía. Encendemos la radio para no sentirnos solos. Es natural buscar compañía, es parte de la naturaleza del hombre, pero la soledad, en ciertos momentos, es necesaria. Cuándo, si no en ese lapso, podremos meditar sobre las experiencias y sacar conclusiones. Cuándo, si no, podremos intimar con nosotros mismos.

Por eso, ver a alguien con la radio pegada a la oreja todo el día, es ver a alguien que tiene miedo de enfrentar su realidad. Sé que hay realidades complejas, y si ese fuera el caso, deberíamos alegrarnos de que las evadan escuchando música y no intoxicándose con alguna sustancia. Pero existen otros, la gran mayoría tal vez, que lo hacen por pereza. A mucha gente no le gusta pensar, y no precisamente por falta de capacidad.

Pero, ¿qué culpa tiene la radio de todo esto?, podrían preguntarme. Pues la misma que el alcohol en relación con un alcohólico. La radio no es más que un medio, pero existe, y es aceptado con demasiada ligereza, a mi entender; aunque en su defensa podría decir que, al ser socialmente aceptada su adicción, podría facilitarnos la detección de aquellos que necesitan ayuda. Porque todo aquel que por miedo o por desidia huya de sí mismo, sin duda la requiere.

Creo oportuno mencionar en este momento, que no estoy en contra, ni de la televisión ni de la radio, aunque tal vez les haya quedado esa impresión. Reconozco que estos medios, utilizados con inteligencia de ambos lados del aparato receptor, podrían ser de mucha utilidad. Pero de lo que sí estoy en contra es del exceso. Existiendo la literatura, en contraparte, pasar demasiado tiempo bajo la influencia de la televisión o de la radio, lo considero una brutal pérdida de tiempo.

Los juegos de video

En este punto sí manifiesto mi rechazo absoluto a este tipo de juegos. Me entristece saber de tantos niños idiotizados frente a una pantalla oprimiendo botones sin ton ni son, con la mente perdida en secuencias visuales y sonoras, carentes de todo valor ético e intelectual.

De la televisión podríamos rescatar algunos programas culturales, científicos o de entretenimiento inteligente, e incluso ciertas películas que podrían considerarse artísticas. De la radio, secuencias de buena música, y también paneles de discusión sobre temas sociales de gran riqueza para el oyente. Ambos medios, utilizados con moderación, pueden resultar de mucha utilidad para su público.

Existen también juegos de computadora que ayudan a desarrollar habilidades, como la memoria y la concentración, y otros a impartir conocimientos, que incluso consideraría importante que se utilizaran en las escuelas. No estoy en contra de los avances de la tecnología, pero sí de los llamados juegos de video, entiéndase Nintendo y similares, a los que considero enemigos públicos, no sólo de la lectura, sino, además, del desarrollo de la inteligencia misma.

La sociedad

Para nuestro análisis, consideraremos sociedad al medio que rodea a una persona, incluyendo a su familia, maestros, amistades, compañeros y a toda la información que entre en contacto con ella sin importar su fuente. A pesar de que ya revisamos individualmente varios de esos elementos, ahora los consideraremos como parte de un ente omnipresente que abarcará por completo la vida de esa persona.

Esta sociedad, la de cada uno de nosotros, que con vida propia nos encasilla en los límites, muchas veces inexpugnables, que desde nuestro nacimiento fija para nosotros, ejercerá su mandato dictatorial influyendo en cada decisión que tomemos, premiándonos si la seguimos y adulamos, y castigando nuestros intentos de rebeldía.

Dentro de una sociedad que no lee, hacerlo significará afrontar el riesgo a ser distinto, con todo lo que ello implica, y muchos no estarán dispuestos a correrlo. Es tal el miedo al aislamiento, que una gran mayoría, antes que abrir un libro, prefiere suicidarse, intelectualmente hablando, incorporando a sus preceptos filosóficos un triste concepto, letal para su inteligencia, que lo alejará para siempre del pensamiento liberador: "La felicidad se encuentra en la ignorancia".

Así como un niño es el reflejo de los hábitos lectores de su familia, un individuo lo es en relación con el grupo social en el que vive. Una persona "no lectora" proviene de una sociedad "no lectora", dentro de la cual podremos encontrar ciertas características que claramente la identificarán como tal:

- El concepto generalizado de que la lectura es aburrida.

- La escasez y alto costo de los libros.

- Librerías sin oficio.

- La ausencia de bibliotecas.

Leer es aburrido
El aburrimiento surge cuando en determinada circunstancia no logramos encontrar la satisfacción de inquietud alguna. Pero el fracaso en esa búsqueda no surge por la inexistencia de motivaciones, sino, más bien, porque estas, aun ocupando un lugar en nuestra consciencia, no coinciden con el momento de la experiencia. Algo que nos entretuvo ayer, hoy puede resultarnos tedioso, y todo porque las expectativas del día anterior llegaron a saturarse. Y ese es precisamente el problema de nuestra sociedad. Las expectativas intelectuales de nuestro grupo social se encuentran completamente saturadas.

En la antigüedad, el simple hecho de conseguir alimento y de sobrevivir en un medio tan hostil, incluso hasta no hace muchos años, obligaba a mantener la mente, y ya no digamos el cuerpo, siempre alerta y lista para actuar. Pero no sólo los jefes, o los miembros de la elite, sino todos los integrantes de la sociedad, vivían en la búsqueda permanente de elementos que los ayudaran a superar los obstáculos que día a día les ponía la naturaleza. El reto intelectual y físico ocupaba entonces un lugar preponderante entre las motivaciones de aquellos hombres.

Pero, ¿qué pasa hoy en día? La parte baja de la pirámide social se encuentra adormilada por el hambre, la que está en el medio por los canales de difusión, y la de arriba, por el dinero. Es tan sólo un grupo minoritario de "desadaptados sociales" el que quiere pensar, aunque, para la tranquilidad de la cúpula, es tan pequeño que ni siquiera es tomado en cuenta dentro de las estadísticas.

La sociedad nos ofrece alpiste intelectual en abundancia, ya procesado y digerido, y nosotros comemos de sus manos hasta el hastío. Nuestro estómago mental se encuentra tan pesado que el solo intento de pensar nos causa náuseas. Es por eso que ya no leemos. El reto intelectual no es motivo de preocupación en la actualidad, y sin él la lectura siempre será una actividad aburrida.

El precio de los libros

La industria editorial, al menos la nativa de los países latinoamericanos, está atravesando una severa crisis. No sería para menos tomando en cuenta que en la mayor parte de nuestro subcontinente cada persona, en promedio, lee menos de un libro al año. Si sobreviven, es gracias a nuestros sistemas educativos, que obligan a sus alumnos a consumir una gran cantidad de material impreso. La literatura para ellos, entonces, en la mayor parte de los casos, es considerada como un lujo, o simplemente como una forma elegante de pagar menos impuestos.

Cualquiera que haya ordenado un trabajo de impresión conocerá la relevancia del factor volumen en los precios unitarios. Mil folletos, por poner un ejemplo, pueden costar 100 dólares. Dos mil llegarán, cuando mucho, a 120, y lo mismo sucede con los libros. Entre un tiraje de treinta mil ejemplares y uno de tres mil, el precio de cada volumen puede llegar a variar hasta en cien por ciento.

Es la demanda la que guía los planes de producción de las editoriales y la que predeterminará los precios de venta, y cualquier intento por alterar este mandamiento, ya sea por error de cálculo o por algún ingenuo intento de excitar el mercado con precios bajos, resultará fatal desde el punto de vista económico.

En muchos de nuestros países, aun regalados, los libros seguirían resultando caros. Porque caro, o barato, es un término relativo, y dependerá del valor que esa compra tenga para nosotros. No es lo que cuesta, sino el uso que le demos.

Podremos desear profundamente un libro y encontrarlo a un precio que por la importancia que reviste para nosotros resulte económico, pero si equivale a nuestro presupuesto en alimentos para una semana, con toda seguridad preferiremos quedarnos con las ganas de leerlo, lamentándonos, más que de la causa, del triste efecto de la escasez de lectores.

¿Y dónde están los libreros?
Las especialidades surgen por la relevancia que cierta actividad va adquiriendo con el tiempo, y por la necesidad de profundizar en su desarrollo y así ejercerla con mayor efectividad. Surgen entonces, por ejemplo, dentro de la medicina, la ginecología, la urología, la pediatría, y dentro de ella, la neonatología. Hasta hace algunos años, un médico atendía a toda la familia; ahora cada miembro es atendido por un especialista. La cantidad de descubrimientos y avances científicos en cada rama harían imposible que una sola persona dominara todos los conocimientos.

Lo mismo sucede en todas las profesiones, y aun en ciertos oficios, aunque en el caso de los libreros, el proceso se ha invertido. De ser personas que fungían como consejeras de lectores, hoy, el supuesto apoyo de los sistemas de computación, los ha ido obligando a fundirse entre la masa intrascendente de empleados que, sin vocación alguna, atienden las librerías. Y digo: supuesto, porque el librero, como oficio, no existía con la única misión de conocer los inventarios, sino de sugerir títulos de acuerdo con las necesidades del cliente, haciendo, incluso, las veces de crítico literario y hasta de psicólogo. Bastaba llegar con una vaga idea de algún tema o autor, o dar ligeras muestras de algún sentimiento en particular, para salir cargado con obras que calarían hondo en nosotros y que recordaríamos por años. Si existen todavía, sólo será en aquellos lugares donde aún se lea, seguramente lejos, muy lejos de nosotros.

Pero el problema va mucho más allá. Las librerías han dejado de ser esos "santuarios" para intelectuales, exuberantes en títulos y en ediciones antiguas, refugio de románticos buscadores de piedras filosofales, para convertirse, simple y tristemente, en burdos supermercados de papel encuadernado con tapas multicolores. Sus objetivos cambiaron de la difusión de cultura a la búsqueda fría de la utilidad económica.

Pero si triste es el trato que las librerías le dan a editoriales, autores y, principalmente, al público, más lo es su cantidad. Dado que su objetivo es generar dinero, el mercado es un factor vital para su existencia, en consecuencia, el número de establecimientos dedicados a la comercialización de libros será una muestra clara de las necesidades de lectura de ese lugar.

¿Y dónde están las bibliotecas?
No existe elemento que exhiba con tanta claridad la pobre afición a la lectura, que la escasez de bibliotecas. Porque este tipo de establecimientos sería un excelente paliativo al problema del precio de los libros y del manejo deficiente de las librerías. Si yo no pudiera comprar un libro, iría a una biblioteca y lo pediría prestado. Es una idea que funciona desde hace siglos y ha beneficiado a muchas generaciones.

Pero también los gobiernos tienen que justificar sus gastos (casi siempre), y a menos que exista un clamor popular, prefieren destinar el dinero del presupuesto a obras de mayor provecho electoral. Si la escasez de librerías pudiera representar la falta de recursos económicos de los habitantes de un lugar para comprar libros, la de bibliotecas representará su desinterés total en la lectura.

Propuestas

Solucionar un problema es un proceso en el que la sinceridad y la fuerza de voluntad, más que los recursos materiales o intelectuales, juegan un papel fundamental. En muchos casos el planteamiento honesto del problema trae en forma implícita la solución del mismo. En otros, es tan obvia que bastará con observaciones superficiales para descubrirla. Sólo en un porcentaje mínimo, hallar la solución requerirá de intelectos sofisticados o de técnicas costosas, y siempre quedará la duda de si un reconocimiento más profundo de la situación los hubiera podido evitar. Es entonces, una vez determinado el plan a seguir, que surge la fuerza de voluntad. Si para descubrir el problema y para plantear soluciones viables se necesitó de la sinceridad, para ejecutarlas será el profundo convencimiento de que estaremos tomando el camino correcto el factor determinante para hacerlo con éxito. Las limitaciones materiales podrán ser un obstáculo, pero el entusiasmo y la constancia serán siempre suficientes para superarlo.

Por lo tanto, para atacar el problema de la lectura, dispongámonos, en primer lugar, a realizar un profundo examen de conciencia, que nos permita reconocer nuestra parte de la culpa, y luego, afilemos nuestro ingenio, carguémonos de decisión y preparémonos para una batalla que probablemente dure toda la vida.

Las propuestas que expondremos están orientadas hacia aquellos grupos de edades sobre los cuales, como padres o tutores, podamos influir, ya sea con nuestra acción directa o actitud, para formar en ellos el hábito de la lectura. Las he dividido en tres: los sistemas educativos, el hogar y los medios electrónicos de comunicación y entretenimiento.

Los sistemas educativos

En este punto podría proponer una lucha frontal con las autoridades para renovar, o tal vez debería decir revolucionar, las ideas que sustentan los actuales sistemas educativos de nuestros países, pero no quiero caer en tentaciones idealistas. Si tú crees tener los elementos, la fuerza personal y, sobre todo, la paciencia necesaria para emprender semejante cruzada, pues adelante y cuenta conmigo en lo que estuviera a mi alcance. Pero todo aquel, que como yo, ha estado frente a toda esa burocracia, sabrá que la magnitud de tal empresa necesitaría, más que de hombres, de superhombres dispuestos a grandes sacrificios por llevarla a buen fin. Prefiero apoyarme en medidas prácticas para así convertirla en una lucha de cuerpo a cuerpo, en la que todos, sin importar los poderes que tengamos, podamos participar con nuestro esfuerzo.

Bien, pues en el caso de los sistemas educativos, nuestro objetivo será la entidad física que la representa, así como todos los elementos que la integran, entiéndase escuela o colegio, primaria, secundaria o preparatoria, y nuestro primer gran reto será hablar. En algunos países la sociedad de padres de familia es una figura obligada por la ley y podría considerarse como el canal adecuado para expresar inquietudes, aunque en la mayoría de los casos son agrupaciones que justifican su existencia, no vigilando el nivel académico de la entidad, que sería su función principal, sino organizando eventos sociales, y sus dirigentes lo que menos quieren es enfrentarse a la dirección. Si este fuera el caso, o esta figura no existiera en tu país, quedarían dos caminos: los maestros y el director.

Pero antes de hablar con cualquiera de ellos, debemos superar el miedo ancestral a la represalia. Si eres maestro, tal vez te enojes conmigo por sugerir que tú o tus colegas pudieran ser capaces de desquitarse con los niños por algún reclamo de los padres, pero antes de que eso suceda consulta en tu memoria, y por qué no en tu conciencia, y verás por allí que existe algún caso. Y si no fuera así, deberás admitir que es una preocupación siempre latente en los padres. Tantos años de ver al maestro, y ya no digamos al director, como una autoridad a quien no se le discute, nos lleva, aun de adultos, a pararnos frente a ellos con muchos prejuicios. El "¿y quién soy yo para decirle a Su Eminencia que está equivocado?", surge instantáneamente y casi siempre nos vemos "obligados" a dejar el reclamo para "mañana".

Pero ese sentimiento debe ser reemplazado por otro que tiene la virtud de colocar a cada quien en el lugar que le corresponde: yo pago por un servicio, ya sea a través de los impuestos, en el caso de las instituciones públicas, o de las mensualidades directas, en el de las particulares, y tengo todo el derecho de exigir que se me brinde correctamente, debiendo informarme qué van a hacer con nuestros hijos, por qué y cómo, y además, responder a todas las preguntas que en torno a ello pudieran surgir. Por supuesto no estoy proponiendo un enfrentamiento agresivo, pero sí que cambiemos esa actitud pasiva que nos coloca como cómplices del problema, en otra de decisión y energía, que nos permitirá pelear del lado de la solución.

Entonces, veamos ahora de qué vamos a hablar, primero, con la dirección:

- Historial académico de los maestros. Títulos, actualizaciones y experiencia. No te imaginas las sorpresas que te llevarás, si acceden a dártelos.

- Programas de estudio. Es increíble que nadie nos diga cuáles son los objetivos a lograr con nuestros hijos. ¿Cómo, de otra forma, podremos saber si están cumpliendo con su trabajo?

- ¿Qué están haciendo para enriquecer la biblioteca de la escuela?

- ¿Están verdaderamente comprometidos con el mejoramiento del nivel cultural de la comunidad educativa, alumnos, padres y maestros, de la que son responsables? Si es así, ¿qué han hecho y qué piensan hacer al respecto?

- Seguridad física. Este punto no tiene relación directa con la lectura pero no por ello deja de ser importante. Rutas y simulacros de evacuación, extintores, personal con conocimientos formales, no empíricos, de primeros auxilios, botiquines, etcétera. Estoy seguro que este es uno de los puntos más descuidados en cada uno de nuestros queridos países. Por desgracia vivimos pensando en que los males le ocurren al vecino y no a nosotros. Cuántas vidas y lesiones permanentes se hubieran evitado de haber tomado todo esto con seriedad. Tal vez pienses que soy exagerado, pero yo lo veo como una especie de seguro: es preferible tenerlo y no necesitarlo, que necesitarlo y no tenerlo.

Ahora con los maestros:

- ¿Qué tanto les gusta la lectura y cuáles son sus aficiones? Recuerden que ellos pasan una gran parte del día con nuestros hijos, y que su actitud hacia la cultura, en general, y la lectura, en particular, influirá positiva o negativamente, tarde o temprano en ellos.

- ¿Están ellos conscientes de la importancia de la lectura para los niños?

- Si la respuesta a la pregunta anterior es positiva, entonces, ¿qué están haciendo ellos en favor de lograr un ambiente favorable hacia la lectura? Y no me refiero a cumplir o no con el programa de estudios. Aquí estoy hablando del interés que ellos exhiben dentro del salón de clases y de los espacios que le dedican a dinámicas que demuestran el lado entretenido de la lectura, como concursos, juegos, representaciones teatrales, exposición de cuentos, talleres de escritura, etcétera.

- ¿Estarán dispuestos a reducir la cantidad de tareas que les dejan a los niños? ¿Podrían, incluso, destinar un tiempo de las horas que pasan en la escuela para que puedan cumplir con ese encargo y así llegar a sus casas libres de todo pendiente?

- Ya que no está en sus manos cambiar el sistema de evaluaciones, ¿podrían asignarle a las calificaciones una función que se acerque más al verdadero conocimiento del aprovechamiento de los alumnos en cada materia?

Y finalmente con nuestra pareja y con nosotros mismos:

- ¿Estamos conscientes de la magnitud del problema y de que tendremos que afrontar las complicaciones que seguramente se presentarán? No puedo esconderte el hecho de que no será una labor fácil. Los directores y los maestros están muy acostumbrados a examinar a sus alumnos, pero no les gusta ser examinados, y mucho menos cuestionados, por los padres de familia. ¡¿Qué pueden saber ellos de educación?!, pensarán algunos, y no faltará quien nos catalogue como una verdadera plaga.

- ¿Estamos en condiciones de cambiar de escuela a nuestros hijos? Las respuestas a todas las preguntas anteriores, si es que las conseguimos, podrían llevarnos a considerar seriamente esta posibilidad. ¿Estaremos dispuestos a hacer sacrificios económicos por inscribirlos en otra institución donde pudieran reunirse mejores condiciones?

- ¿Estamos dispuestos a pasar más tiempo con nuestro hijos? Esto, que pudiera parecer muy trillado, será fundamental si logramos una respuesta positiva de los maestros en los planteamientos que les hayamos hecho. Si efectivamente les van a dejar menor cantidad de tareas, deberemos estar en condiciones de aprovechar en su favor el tiempo libre que logre reconquistarse, para lo cual el número de horas que pasaremos con ellos tendrá que ser mucho mayor. Además, esta nueva disposición del tiempo nos permitirá evaluar personalmente los avances de los niños en cuanto a su madurez intelectual, y con ello relegar las calificaciones numéricas a un segundo plano. No se imaginan el peso que les quitarán de encima a sus hijos cuando ellos se enteren de que ustedes los estarán tomando en cuenta por su desenvolvimiento como personas más que por fríos números en una libreta.

Solucionar problemas cuando no todos los factores directos dependen de nosotros, puede ser una experiencia frustrante si no se encara con decisión. Si estamos convencidos de que la lectura es un hábito que redundará en beneficios para el desarrollo de nuestros hijos y de que la escuela es uno de los elementos primordiales en su consolidación, todo esfuerzo estará bien justificado. Si por otro lado no creemos que el sacrificio valga la pena, seamos coherentes con nuestra pasividad y no nos quejemos.

El hogar

Aquí sí tenemos todos los elementos en nuestras manos y veremos cómo, con medidas y actitudes fáciles de demostrar, podremos contrarrestar las deficiencias que el sistema educativo pueda tener. Algunas sugerencias dependerán de la edad del niño:

- La lectura empieza en la cuna. Desde recién nacido, cuéntale cuentos. Hazlo con naturalidad, sin forzar el momento, por ejemplo, unos minutos antes de apagar la luz de su cuarto por las noches o antes de dormir alguna siesta. No importa que aún no te entienda. Que escuche tu voz y que sienta las palabras, el ritmo de la narración y las distintas entonaciones que vayas haciendo de cada situación. Todo esto conforma la base del hábito de la lectura. Es muy importante que el niño establezca una relación directa entre los libros y el momento de calidez y de seguridad que representa el acercamiento físico de sus padres.

- Ya más grandes, de tres a cinco años, empezarán a interesarse por la trama de los cuentos y tendrás que leérselos una y otra vez. Llegará el momento en que, si te saltas un párrafo, ellos se darán cuenta. Búscale cuentos divertidos, con muchas imágenes, y deja que jueguen con ellos. El libro es un excelente juguete. Incúlcale, por supuesto, su cuidado, pero sin exagerar.

- De cinco a siete años, su interés se irá centrando en temas fantásticos. Cuéntale cuentos sobre castillos encantados, dragones, brujas, príncipes y princesas que son los elementos sobre los cuales giran los argumentos de todo relato orientado para estas edades.

- Entre los siete y los doce años el niño va tomando conciencia de su existencia y de su relación con el medio que lo rodea, por lo que empieza a interesarse en aventuras, historias de animales y de misterio. No será raro que le gusten los cuentos de terror y que disfrute muchísimo contándoselos a sus amigos. A esta edad el niño deberá empezar a leer por su cuenta, pero no lo presiones. Deja que agarre su ritmo. Recuerda que la lectura siempre debe estar relacionada con la vivencia de un momento placentero.

- Ya en la adolescencia temprana el muchacho empieza a manifestar su natural necesidad por sobresalir entre los demás, y surgen en él sentimientos antes desconocidos. Se da cuenta de que debe empezar a pelear por sí solo por un lugar dentro de la sociedad, y así se interesará por personajes heroicos, historias sobre grandes hazañas y relatos sentimentales. La lectura, especialmente en esta edad, puede ser un magnífico refugio para todos los momentos de desconcierto por los que suelen atravesar. La adolescencia es la etapa en la que empieza a cuestionarse la autoridad de los padres, y por lo tanto es cuando más vulnerables se encuentran a los aspectos más nocivos de la sociedad. Si ellos, desde temprana edad, logran establecer con los libros un vínculo que les represente un punto de apoyo emocional estable y confiable, podremos estar tranquilos de que su transición hacia la madurez será menos conflictiva. Esta es la etapa en la que los libros pueden convertirse en verdaderos amigos. Nuestra labor como padres será acercárselos y promover una relación cercana.

Otras medidas son de carácter general y serán de utilidad sin importar la edad de tu hijo:

- Lee y que ellos te vean leer. Demuestra siempre una actitud positiva hacia la lectura. Háblales de los maravillosos libros que leías a su edad, de las historias de los escritores, asiste con ellos a ferias de libros, etcétera.

- Haz que los libros siempre estén a su alcance, accesibles, que formen parte de su ambiente diario. En lugar de golosinas o juguetes sin sentido, sorpréndelos un día regalándoles un libro apropiado para su edad, enriqueciendo así su pequeña biblioteca.

- Demuestra interés por lo que leen. Hazles preguntas sobre el capítulo que están leyendo, diles que te hagan un breve resumen y atiende las preguntas sobre palabras o temas que pudieran no entender. Dale seguimiento a la actividad que desarrollen con los libros. Si detectas que se están aburriendo, no los fuerces a seguir y cámbiales de libro. No hay peor enemigo de la lectura que un libro aburrido.

Como habrás podido deducir, aquí no vale lo de: "a mí no me gusta leer pero yo quiero que mis hijos lean". Tal vez encuentres algún ejemplo de buenos lectores a pesar de sus padres, pero no son frecuentes. Hazte a la idea de que, si quieres que ellos sean buenos lectores y tú no disfrutas de ese hábito, tu actitud hacia los libros deberá cambiar drásticamente.

Los medios de comunicación

La televisión es, sin duda, uno de los principales enemigos de la lectura en esta y en todas las edades, pero con algunas acciones sencillas, podremos reducir sus efectos negativos:

- No utilices la televisión como premio o castigo. Al hacerlo estás magnificando su importancia y será más difícil quitarla del centro de atención de tu hijo.

- Cuando te pregunte si puede ver la televisión, sugiérele algún juego, siéntate con él a leer un libro o llévatelo a un parque si tienes uno cerca. Ofrécele siempre alternativas divertidas o emocionantes.

- No le prohibas la televisión. Recuerda que en su medio escolar con seguridad muchos de los temas de conversación girarán en torno a ciertos programas de moda y podría sentirse aislado de su grupo. Mejor, dile que te haga un breve resumen de lo que vio. Al prestar atención al argumento y los detalles gráficos que rodean a cada escena, entrarán en acción sus defensas psicológicas y tendrán oportunidad de anular los efectos de las ideas que por medios subliminales se pretendan difundir. Además, podrás hacerle notar lo aburrido y repetitivo de las propuestas y resaltar la inmensa riqueza de ideas que en comparación le ofrece un buen libro. Haz tú mismo este ejercicio y te sorprenderán los resultados.

Ya expresé mi opinión en cuanto a los juegos electrónicos tipo Nintendo. Aquí sí debo ser tajante. Si cometiste el error de comprarle uno, la sugerencia es muy simple: guárdalo en su empaque original y arrúmbalo en el lugar más alejado del paso de tus niños. Alguna vez Borges se refirió a la televisión como "la caja para idiotas". Yo no estoy completamente de acuerdo, ya que se trata de un medio de comunicación. Sería necio de mi parte ignorar su utilidad si se empleara con el suficiente criterio. Pero en el caso de estos juegos, creo que esa definición sí encaja a la perfección. Si quieres que tu hijo se entretenga con la computadora, existen excelentes juegos para ejercitar su ingenio, memoria, concentración y demás habilidades mentales. Y más aún, Internet, con la debida supervisión, ofrece una gama muy amplia de opciones para leer. Utilízalas. Siéntate una tarde a buscar E-books, o libros electrónicos, o páginas con cuentos o poesía para niños, y guárdalas entre tus favoritas para mostrárselas más tarde a tu hijo, o imprímelas en ese momento. Creo que esta puede ser una buena alternativa al precio excesivo con el que se venden en las librerías.

Despedida

Bien, he concluido. Lo que he expuesto aquí es mi percepción de la lectura en nuestro mundo, a inicios del siglo XXI. Todo lo que has visto ha sido el producto de muchos años de trabajo. Debo confesarte que cuando lo vi terminado y resumido en estas pocas páginas me dio tristeza. ¿Será tan poco lo que aprendí en todo ese tiempo? No lo sé. Dependerá de ti la respuesta. Lo que me consuela, fuera de toda duda, es la certeza de un esfuerzo honesto por aportar algo positivo a nuestra sociedad, y el hecho irrefutable de que, independientemente de los resultados, en su desarrollo he vivido una extraordinaria experiencia. Gracias por permitírmelo.

Apéndice I
Respuestas a los ejercicios

1 Las frases pertenecientes al texto leído se encuentran en los siguientes números:

4, 7, 15, 18, 24, 26, 31, 38, 41, 49

2 Las frases pertenecientes al texto leído se encuentran en los siguientes números:

4, 6, 11, 16, 25, 30, 33, 37, 45, 49

3 A continuación encontrarás el significado de las palabras expuestas en el Ejercicio 3. Para efectos de la evaluación, asígnate un punto sólo si coincide en esencia con lo que escribiste.

a. **Ad Hoc**
En latín, "para un fin determinado" o "hecho a propósito". Se puede sustituir con las expresiones "para esto" o "especialmente".

b. **Affaire**
Galicismo por asunto, caso, cuestión o negocio.

c. **Chef**
Galicismo por jefe de cocina.

***d*. Confort**
Comodidad o bienestar.

***e*. Ferry**
Embarcación que transporta vehículos entre las orillas de un río, lago, etc. Transbordador.

***f*. Inferir**
Sacar consecuencia o deducir una cosa de otra. Llevar consigo, ocasionar o conducir a un resultado. Causar ofensas, heridas, etc. Injerirse, inmiscuirse, intervenir o perturbar.

***g*. Inherente**
Que por naturaleza está tan unido a otra cosa que no se puede separar; no es sinónimo de "innato" ni de "propio". Se utiliza sólo con la preposición "a". Tampoco es sinónimo de "inmanente" o "esencial".

***h*. Postulante**
No significa "candidato", sino "persona que pide en una colecta". Persona que pide ser admitida en una comunidad religiosa.

***i*. Premisa**
Señal o indicio por donde se infiere una cosa o se viene en su conocimiento. No es sinónimo de "supuesto", "base" ni "condición".

***j*. Protagonizar**
Es "representar un papel en calidad de protagonista", que es el personaje principal de una obra o suceso cualquiera. Una multitud o un grupo no pueden protagonizar algo. Sólo puede hacerlo una persona.

6 Las siguientes son las selecciones correctas del Ejercicio 6, para efecto de la evaluación. Asígnate un punto por cada acierto:

a. La técnica de la lectura dinámica se basa en:
   1. La lectura por bloques de palabras

b. Las técnicas de lectura dinámica fueron desarrolladas:
   2. A mediados del siglo XX

c. La circunstancia que facilita la distracción es:
   2. El tiempo ocioso entre palabra y palabra

d. La capacidad de la computadora en la que se basa principalmente el programa que se menciona en el texto es:
   1. Desplegar imágenes en tiempos programados

e. Para alguien que sabe mecanografía, escribir a máquina mirando el teclado le resultaría:
   3. Más difícil

f. Si dejamos que una frase completa llegue a nuestra mente sin haber leído explícitamente cada palabra:
   2. Los mecanismos internos lo interpretarían automáticamente

g. La lectura por bloques podría equivaler a la lectura de:
   3. Ideogramas

h. Otra capacidad de la computadora que también aprovecha el programa que se menciona en el texto:
   1. Comunicación con los usuarios

i. Las técnicas de lectura dinámica fueron desarrolladas inicialmente en:
   2. Estados Unidos de América

j. Para evitar la murmuración, se identifica cada palabra como una:
   3. Idea

7 El orden en que deben leerse los bloques para coincidir con el texto leído es el siguiente:

16, 14, LB, 5, 2, 15, 11, 4, 1, 17, 13, 9, 6, 10, 7, 8, 12

17 El orden en que deben leerse los bloques para coincidir con el texto leído es el siguiente:

23, 22, LB, 12, 18, 13, 11, 8, LB, 1, LB, 10, LB, 2, 3, 6, 5, LB, 7, LB, 19, 20

18 Las frases pertenecientes al texto leído se encuentran en los siguientes números:

4, 7, 11, 20, 24, 27, 32, 36, 44, 50

19 El conteo de letras en este ejercicio es el siguiente:

Izquierda: 29 "p" y 14 "q"   Derecha: 16 "p" y 26 "q"

24 El orden en que deben leerse los bloques para coincidir con el texto leído es el siguiente:

63, 62, 10, LB, 65, 2, 47, LB, 50, 52, 33, 12, 26, 68, 9, 46, 48, 45, 35, 36, 44, 24, 38, 57, 51, 55, 37, 18, 64, 28, 32, 61, 27, 30, 56, 41, 49, 43, 21, 19, 31, 4, 40, 1, 67, 3, 53, 29, 8, 25, 20, 22, 54, 66, 70, 69, 42, 60, 11, LB, 14, 13, LB, 5, LB, 7, 23, 34, 39, LB

25 Las frases pertenecientes al texto leído se encuentran en los siguientes números:

3, 6, 14, 17, 23, 27, 34, 36, 43, 48

APÉNDICE I. RESPUESTAS A LOS EJERCICIOS

26 El conteo de letras en este ejercicio es el siguiente:

Línea 1: 38 "p" y 28 "q"
Línea 2: 34 "p" y 32 "q"
Línea 3: 39 "p" y 27 "q"
Línea 4: 31 "p" y 35 "q"
Línea 5: 45 "p" y 21 "q"

31 El orden en que deben leerse los bloques para coincidir con el texto leído es el siguiente:

38, 37, LB, 18, 40, 31, 10, 42, 32, 9, 26, 30, 19, 8, 27, 34, 17, LB, 28, 5, 16, 12, 44, 15, 33, 20, 25, 2, LB, 7, 43, 6, 4, 11, 29, LB, 3, LB, 39, 21, LB, 41, 1

32 Las frases pertenecientes al texto leído se encuentran en los siguientes números:

3, 8, 14, 19, 23, 26, 39, 42, 48

Apéndice II
Respuestas a las prácticas del curso

CAPÍTULO I: Orígenes de la lengua española
1.b. 2.d. 3.e. 4.a. 5.c. 6.c. 7.d. 8.a. 9.e. 10.c.

CAPÍTULO II: El valor económico del español
1.e. 2.a. 3.d. 4.b. 5.b.

CAPÍTULO III: Problemática
1.c. 2.d. 3.a. 4.b. 5.a. 6.e. 7.b. 8.e. 9.c. 10.e.

CAPÍTULO IV: El español en internet
1.a. 2.c. 3.e. 4.c. 5.d. 6.b. 7.a. 8.c. 9.d. 10.e.

Apéndice III
Preguntas frecuentes sobre la lectura dinámica

Pregunta: *¿No es preferible leer con lentitud para entender mejor?*
Respuesta: Hagamos un ejercicio simple. Tomemos un párrafo cualquiera y tratemos de leerlo a una velocidad de una palabra por minuto. ¿Crees tú que entenderíamos algo? Estoy seguro que no. Y eso sucede porque perderíamos la ilación de la lectura. Los textos se convierten en una serie de palabras aisladas colocadas una al lado de la otra, sin coherencia alguna. Las técnicas tradicionales de lectura, es decir, las que toman palabra por palabra, funcionan correctamente cuando aprendemos a leer a los cinco o seis años. El problema es que crecemos, nuestro cerebro se desarrolla muchas veces más, y seguimos leyendo como cuando éramos niños. Al leer de esa manera, siendo adultos, estamos desperdiciando grandes capacidades de nuestra mente. La lectura dinámica no es una forma de leer más rápido, sino de leer mejor.

Pregunta: *¿No se pierde el goce por la lectura leyendo tan rápido?*
Respuesta: En primer lugar debemos entender a la lectura dinámica como a un automóvil. Aunque pudiera tener la potencia para ir a 220 km por hora, difícilmente se nos ocurriría llegar a ese límite dentro de la ciudad. Habrá lugares donde podremos ir rápido y otros en los que deberemos ir despacio. Así, conociendo las técnicas de la lectura dinámica,

la velocidad se puede regular de acuerdo con el texto que uno tenga enfrente. En algunos casos son las palabras, y su relación con el argumento, las que le dan relevancia a una obra, como por ejemplo la poesía, u otros en los que, por la complejidad de su contenido, necesiten de análisis más pausados. Pero, ¿qué porcentaje del tiempo total que le dedicamos a la lectura representan estos casos? En términos generales, a menos que nuestra actividad diaria así lo exija, la mayor parte de lo que leemos tiene como objetivo principal adquirir información, es decir, percibir y asimilar las ideas que otros pretenden transmitirnos, y es aquí donde la velocidad adquiere su importancia. Al momento de abrir un libro deberemos preguntarnos qué es lo importante en él: sus palabras o sus ideas, y allí tomar una decisión. Sólo quien no tenga opciones no podrá hacerlo. La lectura dinámica no es más que una herramienta. Dependerá de ti cómo usarla.

Pregunta: *Si yo leo a gusto con las técnicas tradicionales de palabra por palabra, ¿para qué debería aprender las de lectura dinámica?*

Respuesta: Si podemos caminar, ¿para qué se inventaron los automóviles? Si podemos sumar, ¿para qué existen las calculadoras? Si podemos hacer manualmente cada una de sus funciones, ¿para qué utilizamos las computadoras? La vida moderna, nos guste o no, exige eficiencia e, insisto, de eso se trata la lectura dinámica. Podemos seguir leyendo como cuando teníamos cinco años y nadie podrá reclamarnos algo, pero, si la vida está compuesta de tiempo, ¿no te daría lástima desperdiciarlo?

Apéndice IV
Glosario básico para el usuario de Internet

- **Acuse de recibo:** Mensaje que se envía al equipo emisor para indicar que un correo ha llegado a su destino.
- **Antivirus:** Programa de computadora que permite detectar y eliminar virus informáticos.
- **Aplicaciones E.T:** Tipo de programas una vez instalados en la computadora del usuario, y tras conocer los datos que busca llaman al autor del programa para comunicarle la información en la que estaba interesado.
- **Autenticación:** Comprobación de la identidad de un usuario.
- Banner: Imagen gráfica usada en las páginas de internet para anuncios publicitarios.
- **Can-Spam Act:** Ley federal en la que legisla sobre la práctica del "spamming", o del envío de correos electrónicos no deseados, en Estados Unidos, de 16 de diciembre de 2003, que entró en vigor el 1 de enero 2004.
- **Cifrado:** También conocido como "encriptado", es la alteración de mensajes para evitar que quienes no conozcan el algoritmo correspondiente puedan interpretarlo.
- **Clickstream:** Rastro que un usuario va dejando a su paso por las distintas páginas de internet que visita.
- **Confidencialidad:** Atributo de la información por el que sólo puede ser revelada a los usuarios autorizados.
- **Cookies:** Programa instalado en una computadora al acceder a ciertas páginas de internet que envía a un servidor sobre la utilización que se ha hecho, por parte de dicho navegador, de las páginas del servidor.

- **Cortafuegos:** Llamado también "firewall", es un programa que controla los accesos al sistema protegiendo la información interna.
- **Criptografía:** Arte de escribir con clave secreta o de un modo enigmático (Diccionario de la R.A.E). Utiliza algoritmos matemáticos complejos para la transformación de la información en un extremo y la realización del proceso inverso en el otro extremo.
- **Dirección de correo electrónico:** Serie de caracteres, numéricos o alfanuméricos, que identifican a un usuario de un servicio de envío y recepción de mensajes a través de internet.
- **Directorios de correo:** Conjunto de direcciones de correo electrónico, organizado para realizar búsquedas.
- **Dominio o Nombre de Dominio:** Es un nombre registrado que identifica a la unidad de acceso en internet que es el sitio
- **Filtros:** Son condiciones establecidas por un usuario a un determinado programa para seleccionar información: correos electrónicos, páginas e internet, etc.
- **Firma electrónica:** Código alfanumérico que permite al receptor de la información comprobar su fuente e integridad.
- **Hoax:** Del inglés, engaño o bulo.
- **HTML (HyperText Markup Language):** Lenguaje en el que se escriben las páginas de internet
- **HTTP (HiperText Transfer Protocol):** Protocolo de Transmisión Hipertexto. Protocolo de comunicaciones utilizado por los programas clientes y servidores de WWW para comunicarse entre sí.
- **HTTPS:** Versión segura del protocolo http.
- **Integridad:** Garantía de la exactitud de la información frente a la alteración, pérdida o destrucción, ya sea de forma accidental o fraudulenta.
- **ICQ (I Seek You):** Programa de comunicación instgantánea vía internet
- **Interfaz:** Esquema visual de un programa para establecer comunicación con el usuario.
- **Interstitial:** Publicidad que aparece en plena pantalla con imágenes en movimiento combinadas con sonido, mientras el usuario está esperando que se descargue la totalidad de una página de internet solicitada.

Apéndice IV. Glosario básico para el usuario de Internet

- **IRC (internet Relay Chat):** Charla Interactiva internet. Protocolo para conversaciones simultáneas que permite comunicarse entre sí a varias personas en tiempo real.
- **ISP:** Proveedor de Servicios a internet.
- **Lista negra:** Listas mantenidas por instituciones públicas o privadas, de acuerdo a criterios establecidos, que sirven para controlar el ingreso de los usuarios a determinados servicios.
- **Normas PEM (Privacy Enhanced Mail):** Correo con Privacidad Mejorada. Norma aplicable al protocolo de correo electrónico utilizado en internet, que permite cifrar de manera automática los mensajes de correo electrónico antes de enviarlos.
- **Operadores de red:** Entidad pública o privada que comercializa el uso de una red de telecomunicación.
- **Opt-in:** Los tratados internacionales, especialmente en la Unión Europea, relativos al tratamiento de datos personales y a la protección de la intimidad en el sector de las comunicaciones electrónicas prohíben todo tipo de comunicación comercial no consentida (SPAM), por lo que se diseñaron los procedimientos Opt-in para dejar registro de los usuarios que aceptan, de manera expresa, recibir determinada información.
- **Opt-out:** Permite el envío libre de este tipo de comunicaciones siempre que permita al destinatario del mismo solicitar la exclusión de la lista de envíos. En Estados Unidos sigue siendo el sistema legislativo vigente.
- **PGP (Pretty Good Privacy):** Programa de libre distribución, escrito por Phil Zimermann, que impide, mediante técnicas de criptografía, que ficheros y mensajes de correo electrónico puedan ser interpretados por personas no autorizadas. Puede también utilizarse para firmar electrónicamente un documento o un mensaje, realizando así la autenticación del autor.
- **Phishing:** Es la contracción de "password harvesting fishing" (cosecha y pesca de contraseñas) e identifica los procedimientos, en su mayoría ilegales, para extraer contraseñas sin el consentimiento del dueño.
- **Pop-up window:** Ventana, por lo general más reducida, que aparece de manera automática al abrir una página determinada.

- **Push advertising:** Publicidad enviada por los anunciantes en un momento distinto a aquél en que se produce el consentimiento del consumidor.
- **Proveedores de acceso:** Organizaciones que suministran la infraestructura técnica necesaria para que los usuarios puedan conectarse a internet.
- **Proveedores de contenido:** Personas u organizaciones que publican información de cualquier tipo en internet, ya sea utilizando recursos propios o los suministrados por un proveedor de acceso.
- **Red:** Conjunto de máquinas conectadas para intercambiar información entre sí.
- **Re-mailer:** Servicio de internet que, utilizando distintas técnicas, oculta la identidad del remitente de un correo electrónico.
- **Sala de Chat:** Espacio virtual de la red donde los usuarios se reúnen para charlar con otros que se encuentran en la misma sala.
- **Servidor Web:** Es el programa que, utilizando el protocolo de comunicaciones HTTP, es capaz de recibir peticiones de información de un programa cliente (navegador), recuperar la información solicitada y enviarla al programa cliente para su visualización por el usuario.
- **SHTTP (Secure HTTP):** Sistema encaminado a proporcionar transacciones seguras dentro del entorno World Wide Web.
- **Spam:** Correo basura comunicación no solicitada, realizada por vía electrónica que normalmente tiene el fin de ofertar, comercializar o tratar de despertar el interés respecto de un producto, servicio o empresa.
- **Spammer:** La persona o compañía que realiza el envío de Spam.
- **Spamming lists:** Listas comerciales. Listas de direcciones de correo para envío de SPAM.
- **SSL (Secure Sockets Layer):** El protocolo de seguridad más usado en internet. Utiliza criptografía asimétrica para generar una clave de sesión con la que se cifran las comunicaciones entre el cliente y el servidor. Proporciona también servicios de autenticación del servidor y, opcionalmente, del cliente.
- **Servidor Web seguro:** Servidor Web que utiliza protocolos de seguridad (SSL o SHTTP generalmente) el ejecutar transacciones en él.

Un protocolo de seguridad utiliza técnicas de cifrado y autenticación como medios para incrementar la confidencialidad y la fiabilidad de las transacciones.
- **Spoofing:** Suplantación de la identidad de un tercero. Aunque puede producirse en diferentes entornos uno de los más habituales en los que aparece con frecuencia es en el envío masivo de Spam.
- **Tercero de Confianza (TTP, Trusted Third Parties):** Entidad pública o privada encargada de la emisión de certificados digitales que atestigüen la autenticidad de la identidad de los propietarios de los mismos.
- **URL:** El URL es la cadena de caracteres con la cual se asigna dirección única a cada uno de los recursos de información disponibles en internet.
- **Virus informático:** Programa de ordenador que puede infectar otros programas o modificarlos para incluir una copia de sí mismo. Los virus se propagan con distintos objetivos, normalmente con finalidades fraudulentas y realizando daños en los equipos informáticos.
- **Web bug:** También se denominan "micro espías" o "pulgas" y son imágenes transparentes dentro de una página de internet, o dentro de un correo electrónico, con un tamaño de 1x1 pixeles. Al igual que ocurre con las cookies, se utilizan para obtener información acerca de los lectores de esas páginas o los usuarios de los correos, tales como la dirección IP de su ordenador, el tipo y versión de navegador, el sistema operativo, idioma, cuanta gente ha leído el correo, etc.
- **Webmail:** Servicio de correo electrónico prestado a través de un servidor Web y utilizando el protocolo HTTP.
- **Webmining:** Técnicas que ayudan a descubrir patrones de la actividad de los usuarios cuando acceden a los sitios en internet.
- **World Wide Web (WWW, W3, Telaraña Mundial):** Sistema de información distribuido, que utiliza el protocolo HTTP para enlazar páginas mediante mecanismos de hipertexto.
- **X.500:** Norma desarrollada conjuntamente por ISO/IEC (organismo internacional de normalización) e ITU-T (antes denominado CCITT) dentro de la arquitectura OSI, para la creación y mantenimiento de servicios de directorio de forma distribuida.

Esta edición se terminó de imprimir en septiembre de 2008.
Publicada por ALFAOMEGA GRUPO EDITOR, S.A. de C.V.
Apartado Postal 73-267, 03311, México, D.F. La impresión y
encuadernación se realizaron en FORMACIÓN GRÁFICA,
S.A. de C.V. Matamoros No. 112, Col. Raúl Romero, 57630,
Cd. Nezahualcóyotl, Estado de México.